変貌する都市 1999－2009

上海

吉田明宣

誠文堂新光社

外灘
Wai Tan

外灘の朝。対岸、浦東の高層ビル群は朝霧にかすむ。黄浦江を運搬船が数珠繋ぎになって横切り、その向こうを大型タンカーが悠然と進む。真ん中が人民英雄記念塔。早朝は太極拳をやる人々が集まっている。さらに手前の橋はガーデンブリッジ。　[2000.1]

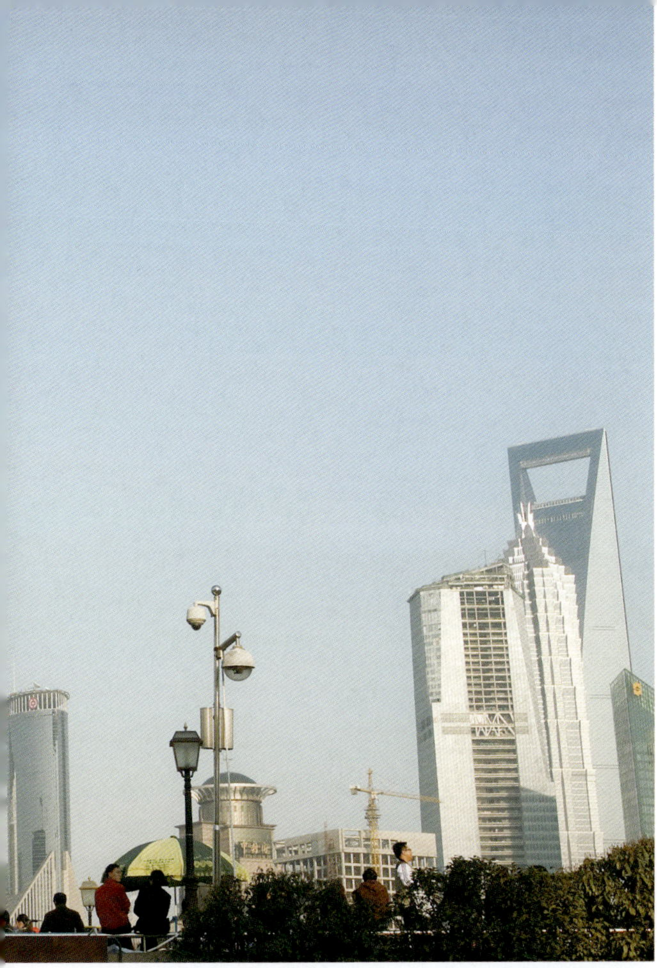

外灘(WaiTan)、休日の黄浦(Huang Pu)公園。中国各地からの観光客で、人の流れが渦巻くところとなる。青空の対岸に高層ビル群がそびえる。上海を象徴する眺め。(90頁参照) [2009.3]

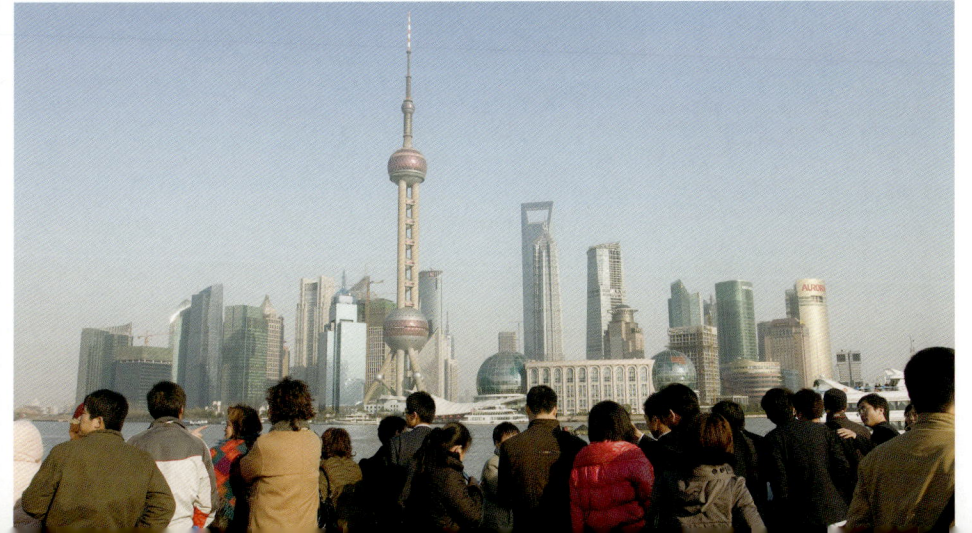

外灘夜景
黄浦公園から浦東方向を望む。東方明珠塔（テレビ塔）がひときわ派手にそびえ立つ。環球金融中心（通称森ビル）は未だ建設されてない頃。
現在、巨大電光広告を掲げたCM船や、きらびやかな大型観光船の往来が頻繁で、静かな水面の夜景を撮るのが難しくなっている。　　　　　［2005.1］

（右）オールドな建物がライトアップされ暖色系に浮かび上がる景色は圧巻。上海で一番人目を引くところの広告（従って最も高額）は、現在、日本の企業のものである。　［2005.1］
（下）上海大厦のホテルの部屋からの夜景。　［2000.1］
（右下）遊歩道の階段を上ると、まず東方明珠塔（テレビ塔）が目に飛び込んでくる。　［2005.1］

(上)「上海海関」 時計台が夜空に聳える。[2006.1]
(右上)「上海浦東発展銀行」ライトアップされ圧倒的な存在感。 [2005.1]
(右下) 浦東側からも黄浦江に浮かび上がる外灘のオールドな建物が望める。 [2008.10]

浦東机場（空港）

Pu Dong Ji Chang

（上）空港の屋根構造部が独特の形状の浦東空港第1ターミナル。見上げると、針が降ってくるような印象。
（左）第1ターミナルの3F（中国国内線出発カウンター）一番隅にあるカフェにて。　［2枚とも2009.3］

浦東国際空港の開港は1999年と新しい空港。国際線はそれまでの上海虹橋空港からこちらに移った。未だ拡張工事の最中で2015年までに第4ターミナルまで建つ予定。
(上) 国際便出発案内掲示横の広告。
(右) 第1ターミナル国際線搭乗待合室。　[2枚とも2008.10]

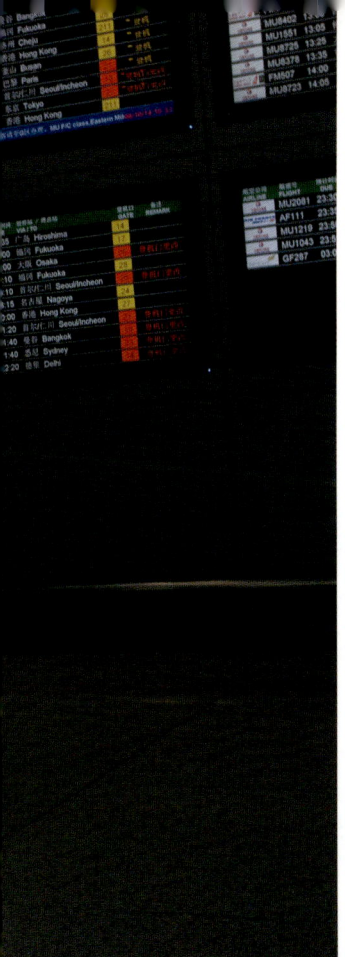

巨大広告

広告ウオッチングも楽しい。身の丈数十倍の女性に微笑みかけられていたりする。巨大な広告は、まさに行け行けどんどんの勢いで増えていたが、万博を前に高層建築や新規建築物、公共交通機関に規制がかけられるようになってきた。

（上）路線バス背面の広告。南浦大橋バスターミナル。
（右上）陸家嘴駅4番出口より。
（右下）南京東路。
（左下）婁山関路駅の地下歩道。　［4枚とも2008.12］

上海MAGLEV
Shang　Hai

Magnetically Levitated Vehicle（磁気浮上式鉄道）の略。最高時速430キロで浦東空港－龍陽路30キロを約8分で結ぶ。世界都市上海を象徴する乗り物、地表で営業する唯一の時速400キロ超の交通機関であり、唯一の高速型リニアモーターカーシステム。常電導磁石により軌道から1センチほど浮き上がって進む。（78頁〜参照）

［2005.12］

(左上) 殷家浜路付近のカーブを行く。　　　　　　　　　[2005.12]
(左下) 夕涼みがてら、MAGLEV通過のスリルを味わいに陸橋のお立ち台に集まってきた地元の人々。　　　　　　　　　　[2006.6]
(下) 空港の工事関係者が歩く。背後には建設中だった頃の第2ターミナル。　　　　　　[2005.12]

空港道（A1公路）に並行して走る直線区間。速度は時速430キロに到達する。最高速で走るのは30秒ほど。道路を走る車が飛ぶように流れてゆく車窓の眺めは圧巻。[2006.6]

浦東風景（リニア沿線）

（左）沿線に残る古い給水塔。MAGLEVの車窓からも見える。
（上）道路とリニアの軌道を一歩離れるとのどかな風景が広がる。[3枚とも 2006.12]

水の街
浦東
Pu Dong

(右) 浦東空港駅発車して間もないMAGLEV。[2008.10]
(右下) 積荷の重荷で甲板が水面ぎりぎりの運搬船。
(下) MAGLEVのレールは、直線区間の中間で浦東運河を渡る。水運が盛ん。　　　　　　　[2枚とも2006.6]

軌道交通（地下鉄）

上海の地下鉄は地上の高架部を含め軌道交通と呼ばれる。1〜6、8、9、11号線の9路線が上海を幅広く網羅している。万博の開催に合わせ7、10、13号線が開通予定。さらに2号線が浦東空港まで延伸され、8号線は会場至近に乗り入れ予定である。2009年12月31日に軌道交通の総延長距離が330キロとなり、東京を抜いてロンドン、ニューヨークに次ぎ世界第三位となった。地上の高架部の比率が高いので純粋な地下鉄としての比較には難しい面があるが、万博開催時には総延長で420キロとなり世界一となる見込み。1998年の時点では1号線が部分的に営業しているのみだったので、わずか10年の間に急速な勢いで路線網を拡大させ未だ未だ発展途上である。

（上）虹橋のマンション街を進む軌道交通3号線の車両。延安西路 [2008.1]
（右上）4号線、中山公園 [2009.3]
（右下）車体側面の派手な広告も魅力の車両。 [2008.10]

(上）中山公園　　　　　　　　　　　　　　　　　　　　　　[2009.3]
平日、休日関係なくいつもごったがえしている駅。上海中心地や浦東に向かう2号線と上海を環状的にカバーする高架の3、4号線の連絡駅なので、人の流れが嫌でもここに集中する。特に2号線上りでこの駅で降りるときは、ドアが開くとともに座席を求めてこちらに駆け込んでくる人をよけながらの必死の下車となる。
（左）2号線車内にて。混んでいる時はこんな状況。でも空いていると新聞や地図売りが車両を闊歩する。　　　　　[2枚とも2008.12]

2010
Shang Hai Shi Bo
上海世博会場

2010上海万博は黄浦江の両岸、浦西、浦東双方で5月1日〜10月31日にかけて開催される（83頁〜参照）。
（左）黄浦江渡船（南南線－会場建設に伴い廃止）より遠く南浦大橋を望む。右岸は浦東側の会場予定地。　[2008.1]
（左下）渡船デッキにて。会場建設中の浦東側を横目に川を横切る。　[2008.1]
（右下）南浦大橋の浦西側たもとより浦東方向を見る。　[2008.10]

（左）南浦大橋下を横切る渡船は会場建設中も健在で、渡船料は5角。船先頭のデッキにて黄浦江の風景を楽しむ。バイクや自転車での利用が多い。
（上）南浦大橋真下。　　［2枚とも2008.10］

上海万博会場の特色は、大きな川（黄浦江）が敷地のまん中を横切っていることで、そこにかかる2つの橋が会場の景観に色彩を添えている。万博会場の東側境にかかる南浦大橋は、バランスのとれた美しい吊り橋。もう一方の西側境にかかる盧浦大橋はアーチリブの白い鉄骨が印象的なスケールの大きな橋である。

（上）くるくる回るループが特徴の南浦大橋。
（右）エレベーターで橋上に上る。シンプルな吊り橋。[2枚とも2008.10]

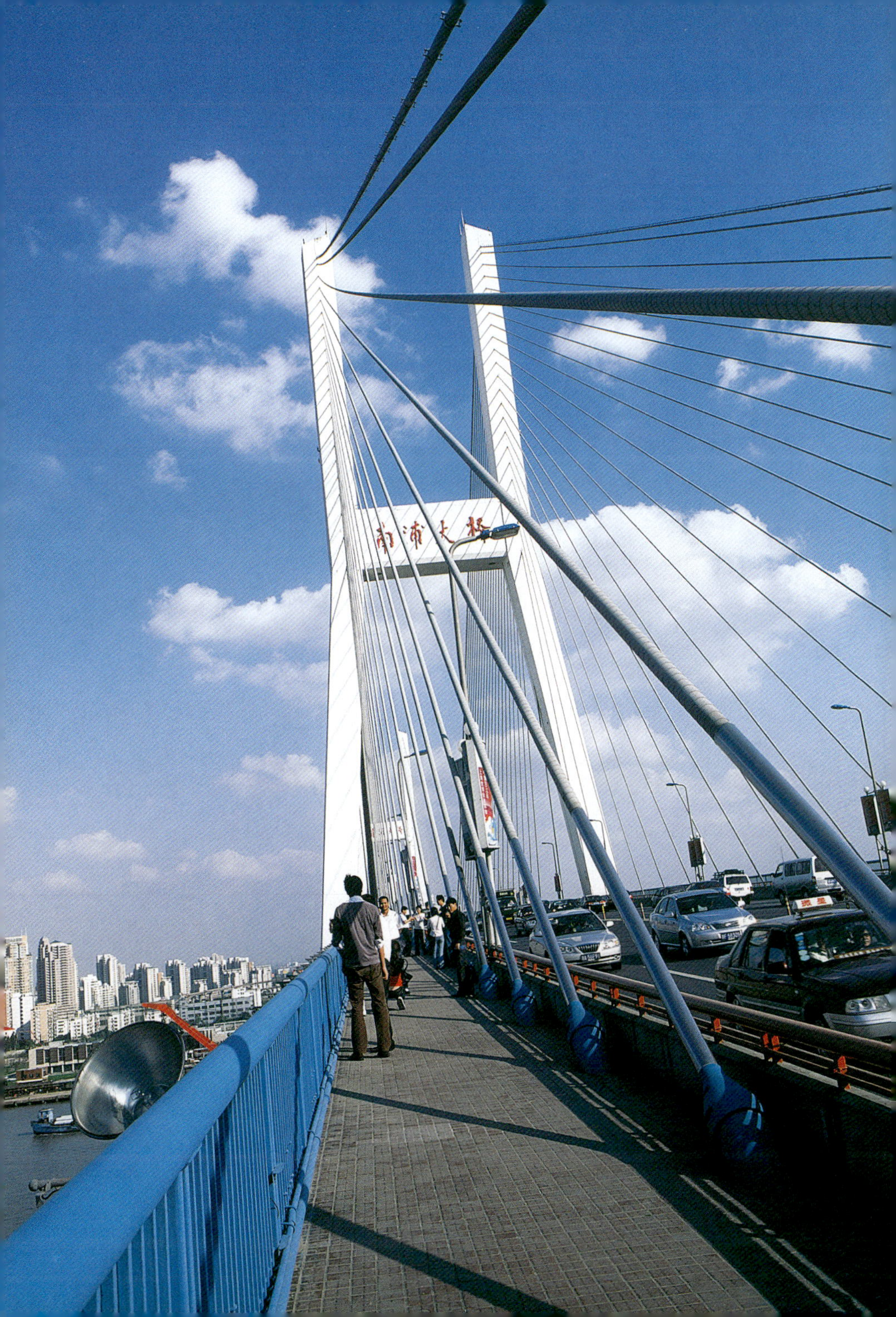
南浦大桥

（上）会場建設のため更地となった区画より盧浦大橋を望む。　　　　　　[2008.1]
（右）アーチリブ登りを経てたどり着いた頂上より真下を見下ろす。60ｍ下に車が、さらに50ｍ下に川の水面。足元はぞっとするような眺望。[2009.3]
（下）橋に上るエレベータより。ドックにはタンカーが停泊。橋のアーチリブの径間550ｍは世界一という。　　　　　　　　　　　　　　[2008.1]

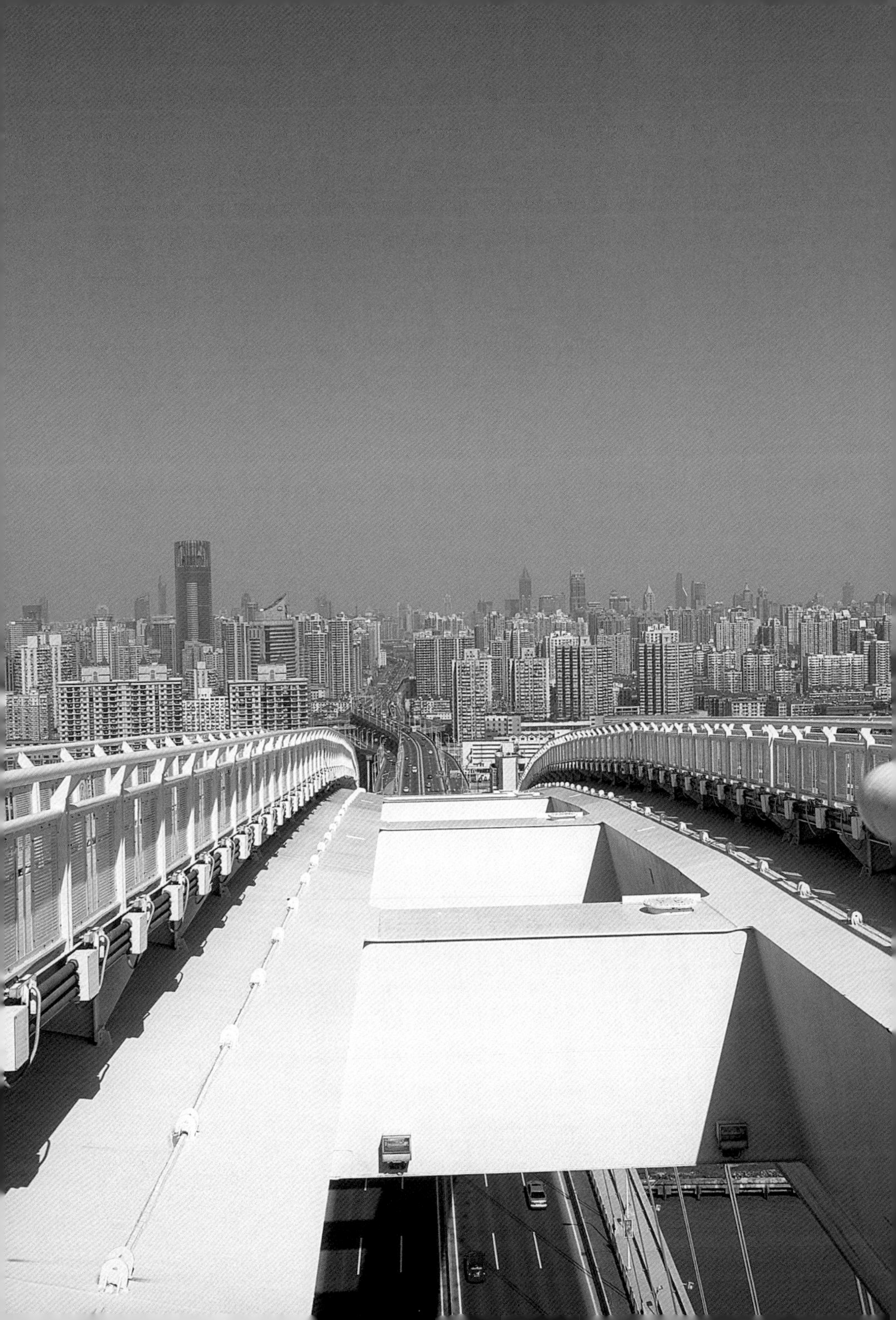

（上、右下）2009年3月、盧浦大橋アーチリブ頂上より黄浦江下流（上　街の中心側）、上流（右下）を望む。左岸の造船所は更地となり、右岸は逆三角の形状が独特の中国館をはじめパビリオンが姿を現してきた。
（下）2008年1月の眺望。左岸（浦西側）には江南造船所があり、タンカーが停泊、クレーンが林立してドッグの雰囲気があった。江南造船所の設立は1865年、実に100年以上の歴史がある。会場建設に伴い造船所は崇明島に移動。右岸（浦東側）は以前の街並みが壊され更地の状態。

41

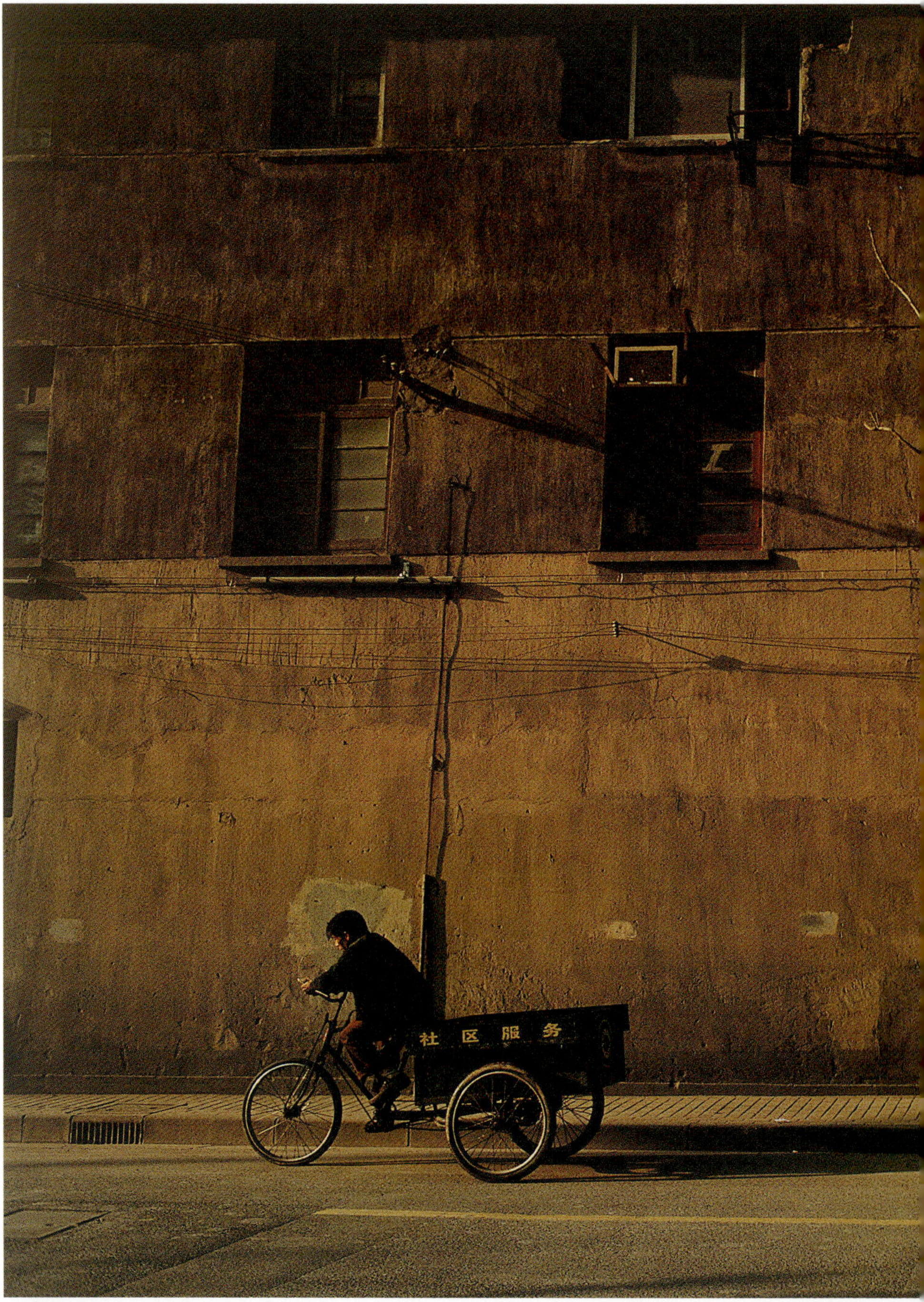
社 区 服 务

会場予定地に隣接した古い街並み。[2008.1]

公共厕所　PUBLIC TOILE

（左）南浦大橋たもと、渡船乗船場付近の公衆トイレ。受付に人がいて使用料5角を払う。
（下）浦西側会場建設予定地にぽつんと残っていた古い家。会場建設にともない、周辺の建物は壊され、この辺りはすっかり様変わりしている。万博を契機に新しい街に生まれ変わる。　　　　　　　　［2枚とも2008.1］

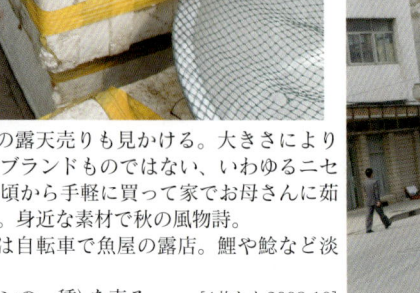

假日的街道
Jia Ri De Jie Dao
（休日の通り）

（上）秋になると通りで上海蟹の露天売りも見かける。大きさにより値段が違う（6〜20元くらい）ブランドものではない、いわゆるニセモノだが上海っ子たちは小さい頃から手軽に買って家でお母さんに茹でてもらって食べているようだ。身近な素材で秋の風物詩。
（右上）マンション街の通りでは自転車で魚屋の露店。鯉や鯰など淡水魚だった。
（右下）リアカーで哈蜜瓜（メロンの一種）を売る。　　［4枚とも2008.10］

47

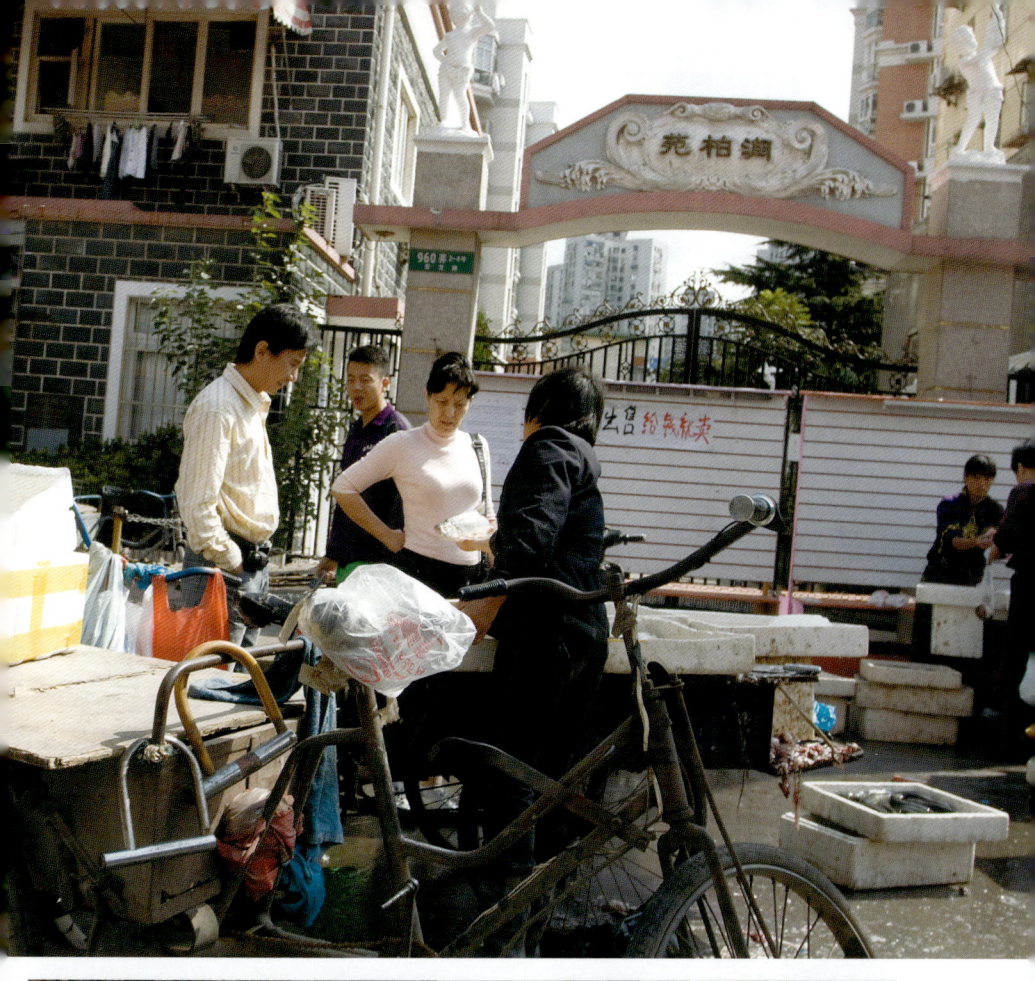

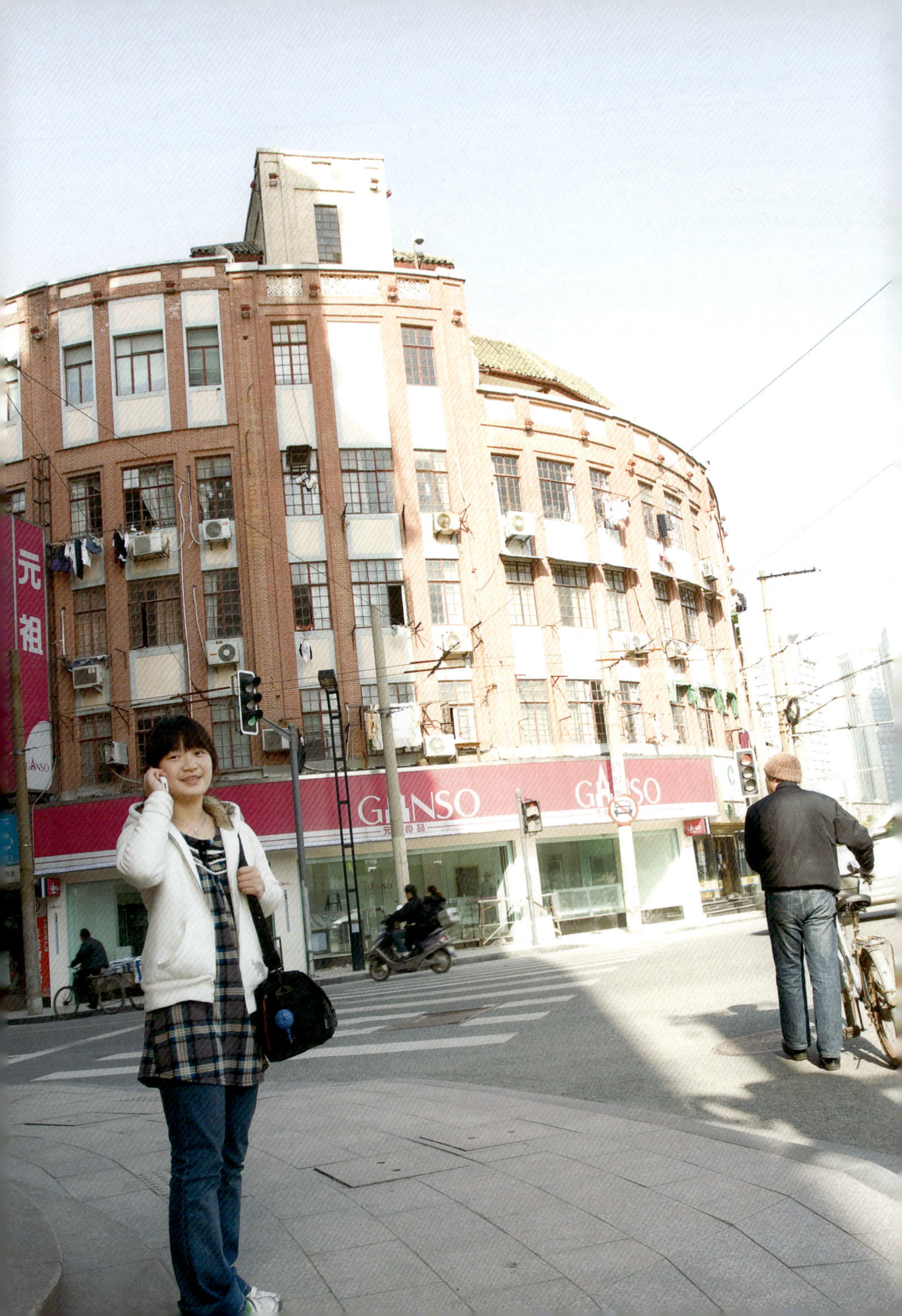
元祖
GANSO
GANSO

(左）蘇州路　（右上）中山南路　（右下）北京東路　[3枚とも2009.3]

Pu　　Dong　　Xin　　Qu
浦東新区 変貌

10年前の桃林路。古い街区画の入り口に朝日がさす。
背後は建設中の近代的なビル群。　　　　　　[1999.12]

未だ開通前の世紀大道周辺。[2枚とも1999.12]

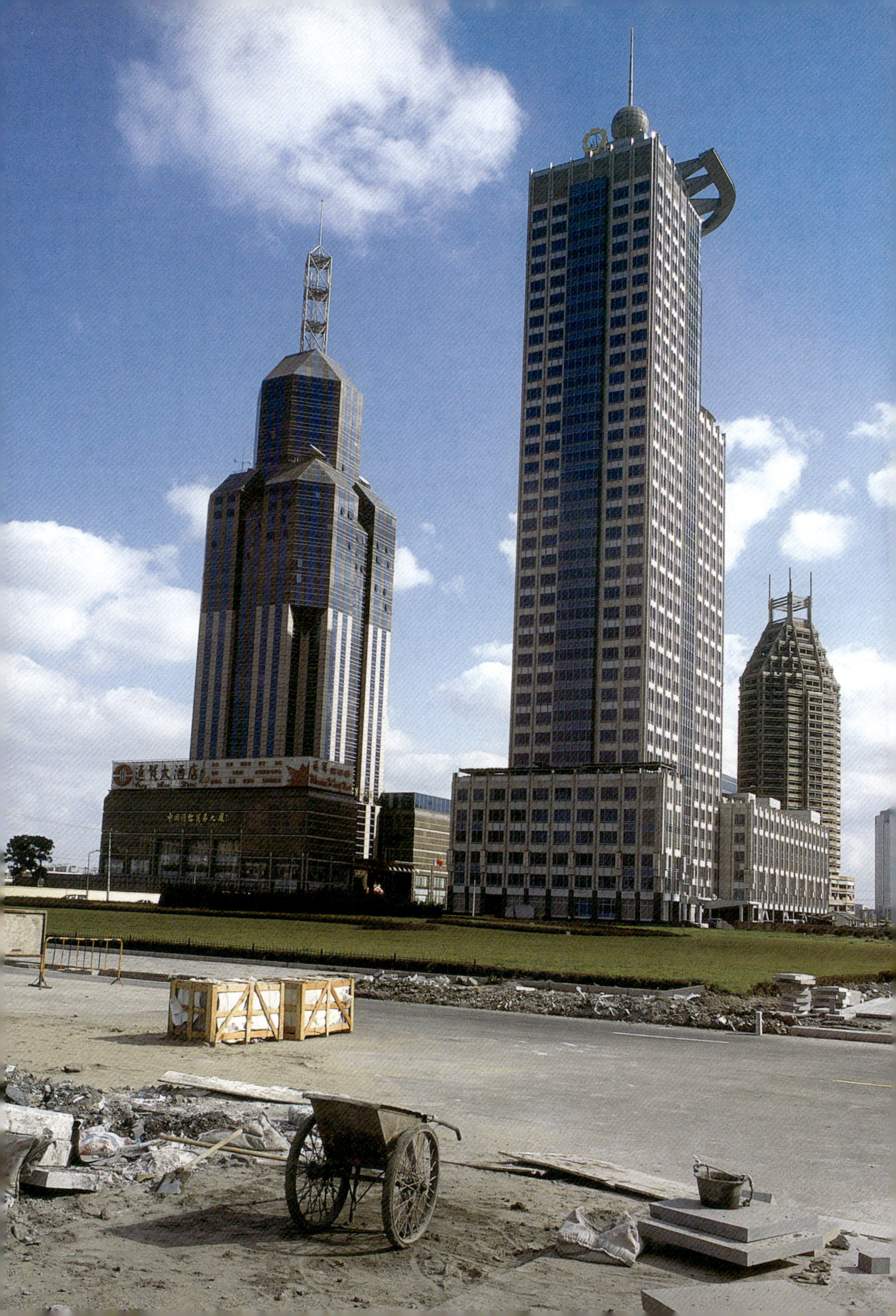
通貿大酒店

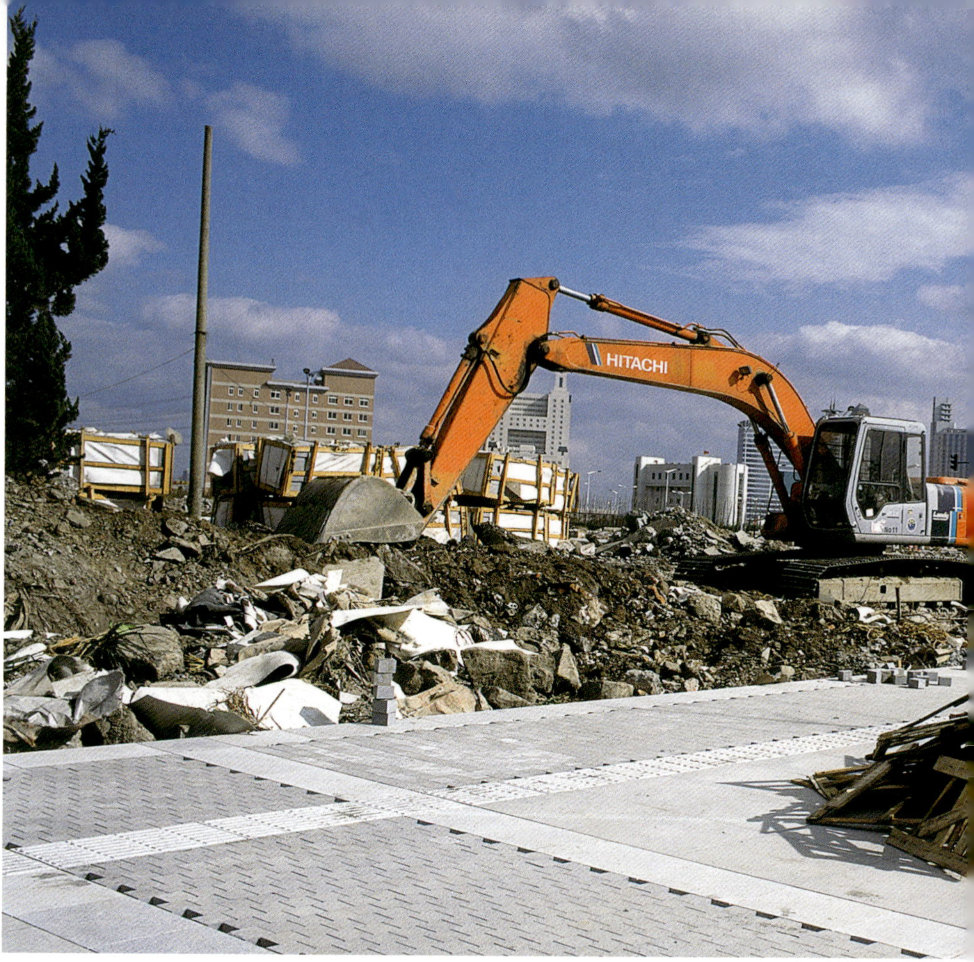
HITACHI

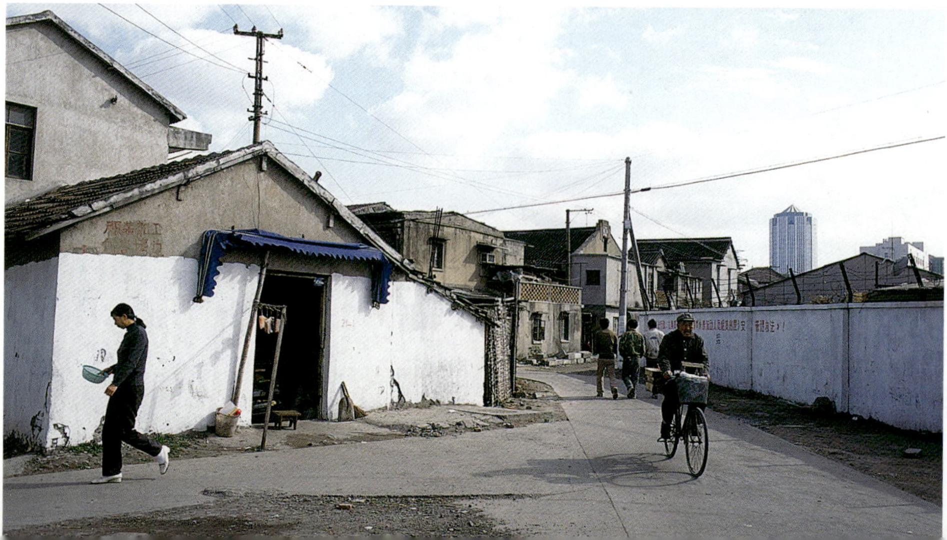

上海市政府庁である「行政中心」軌道交通2号線上海科技館駅近くに建つひときわ目立つ建物。未だその辺りに何もない頃に姿を現した建物で、当初は更地の平原にそびえ立っているような印象だった。

[3枚とも1999.12]

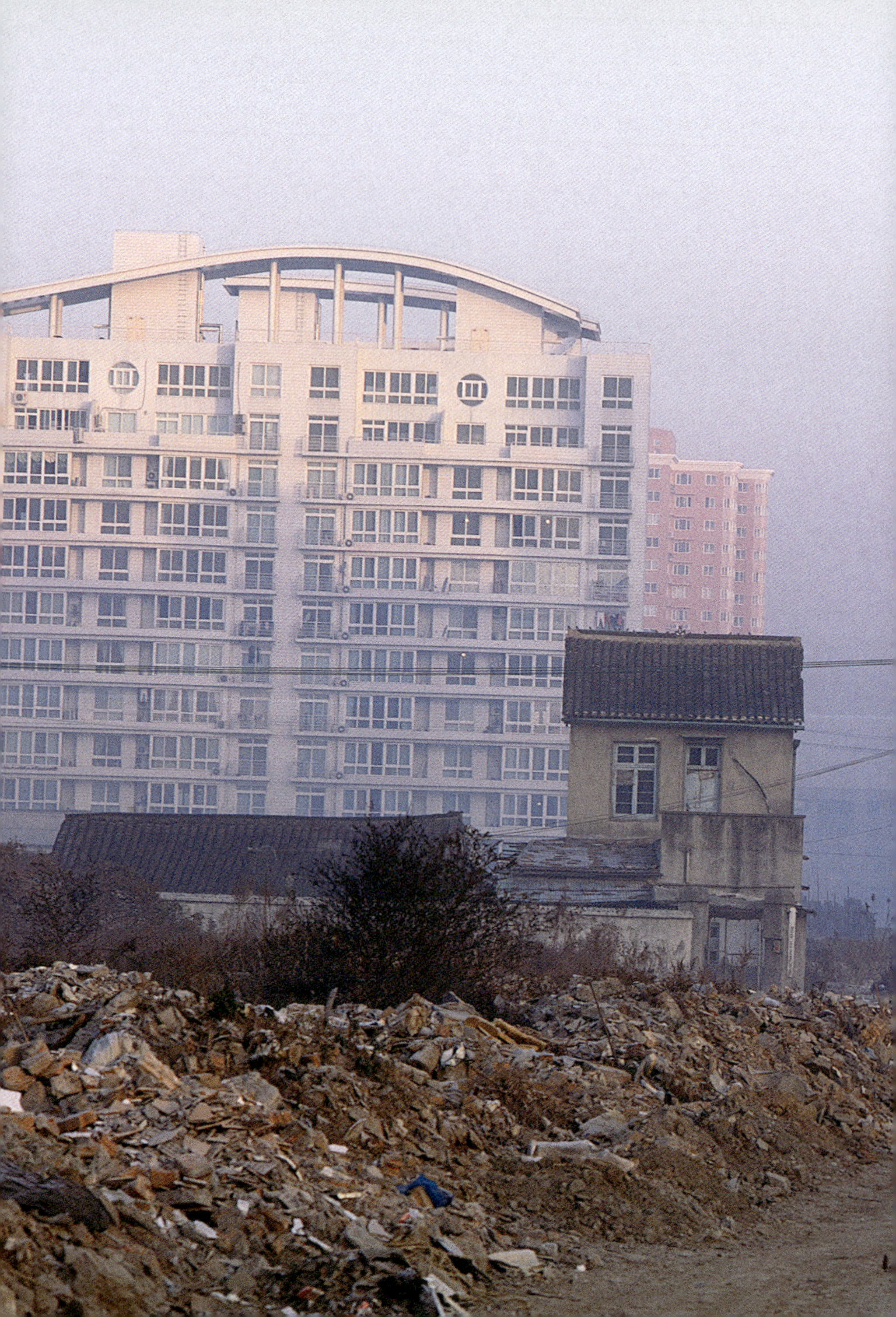

前頁同じ付近にて。昔からの古い家を壊し、新築のマンションが建ち始める。　[1999.12]

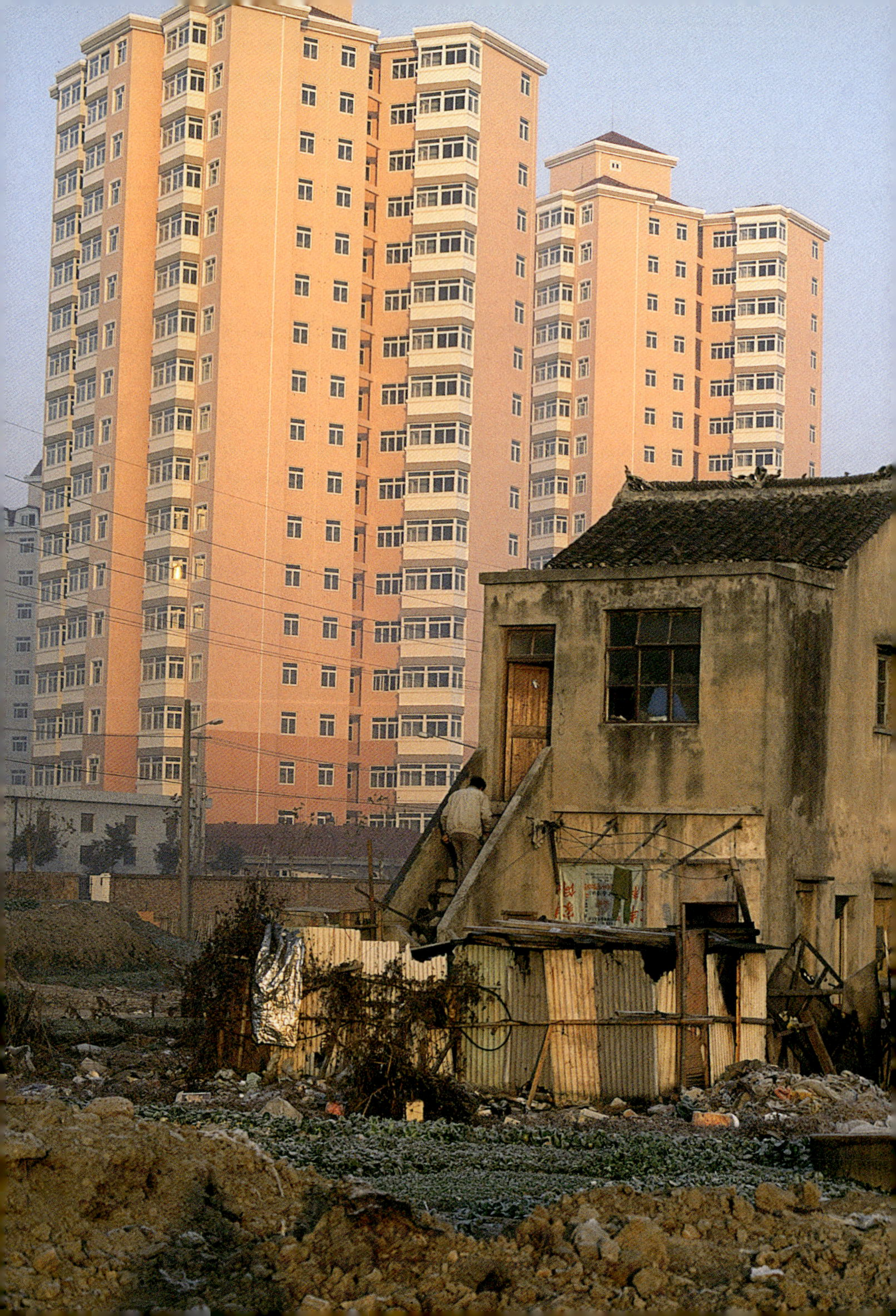

前頁同じ付近にて。現在の桃林路、灵山路あたり。写真の
ピンク色のマンションも、現在は10年が経ち塗装の古さ
が目立ってきている。古いコンクリート造りの住居は、上
海郊外に行くと未だ未だ多く見られる。　　　　[1999.12]

Tao Lin Lu　Ling Shang Lu

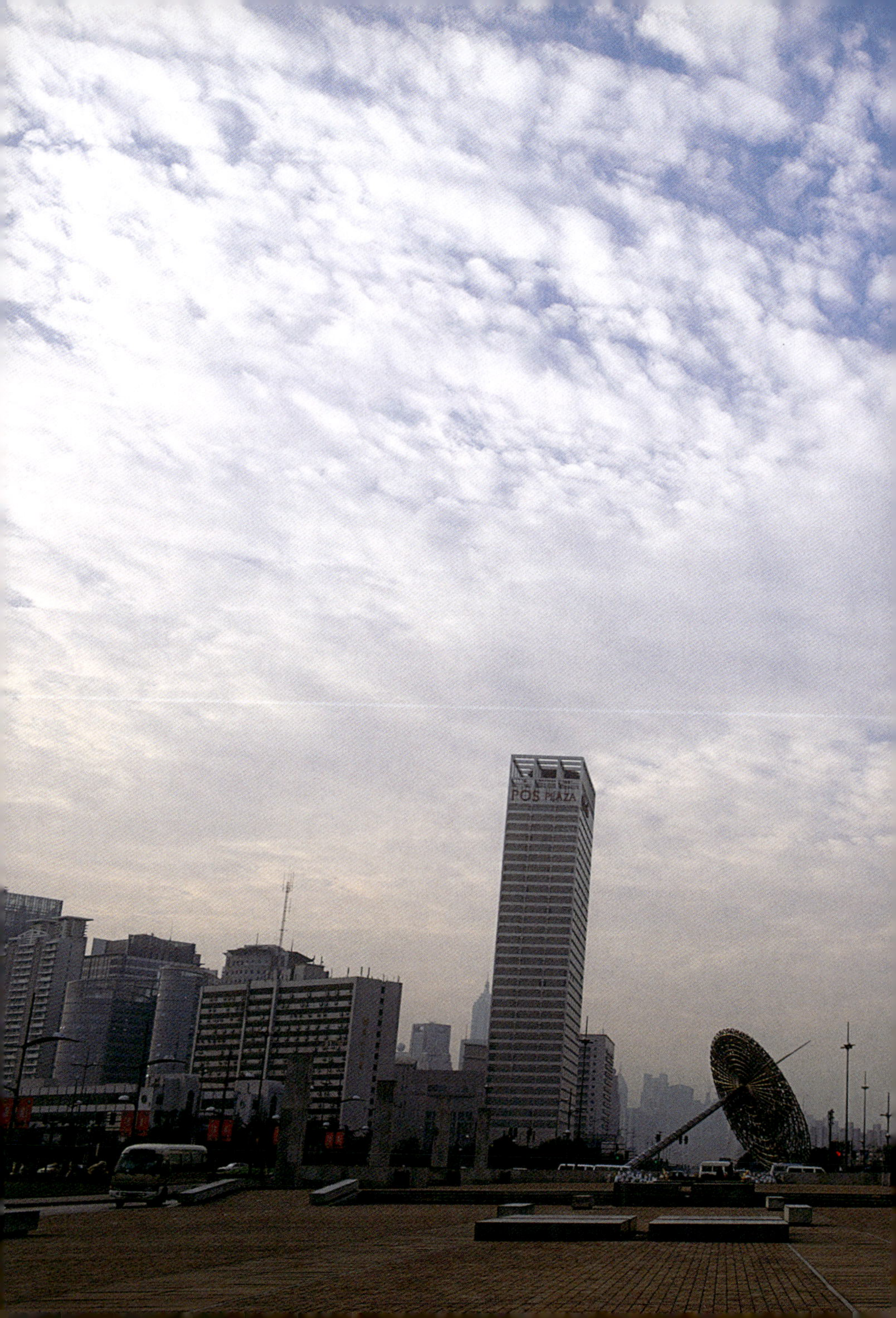
POS PLAZA

世紀大道の現在のようす。この道が浦東中心地を通り抜け、あたりはすっかり近代的な街並みに。中央は世紀公園入り口のモニュメント。　　［2005.12］

Pu Dong

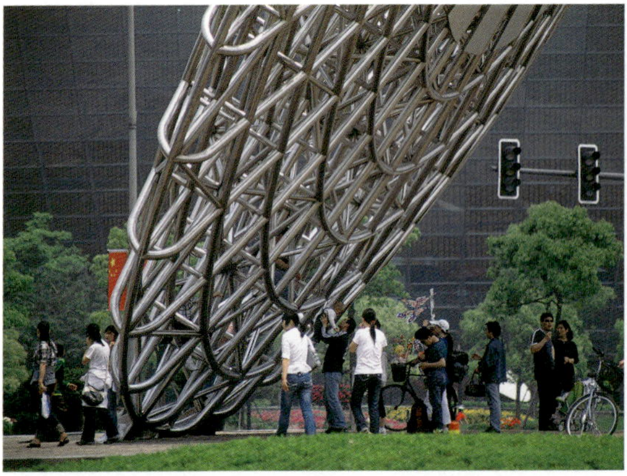

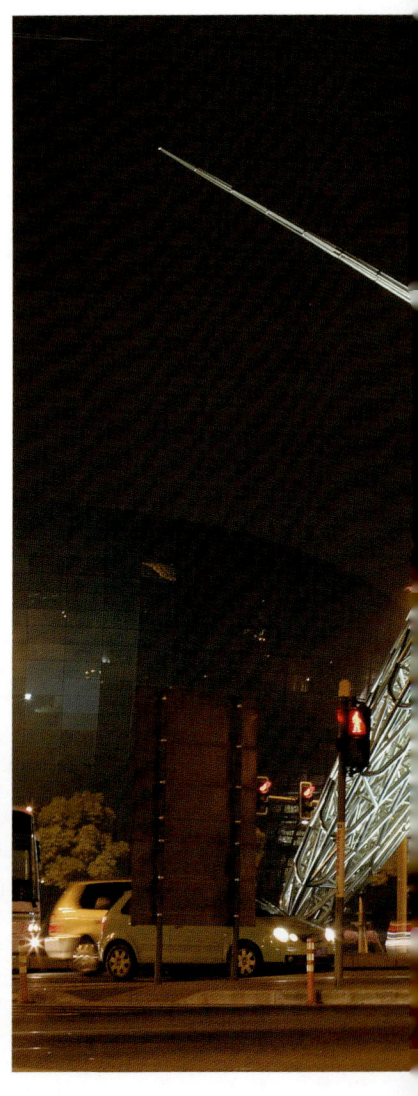

モニュメントは日時計となっている。
夜はライトアップされ車が行き交う中、ひときわ目立つ
世紀大道のシンボルになる。［(左) 2007.5　(右) 2008.10］

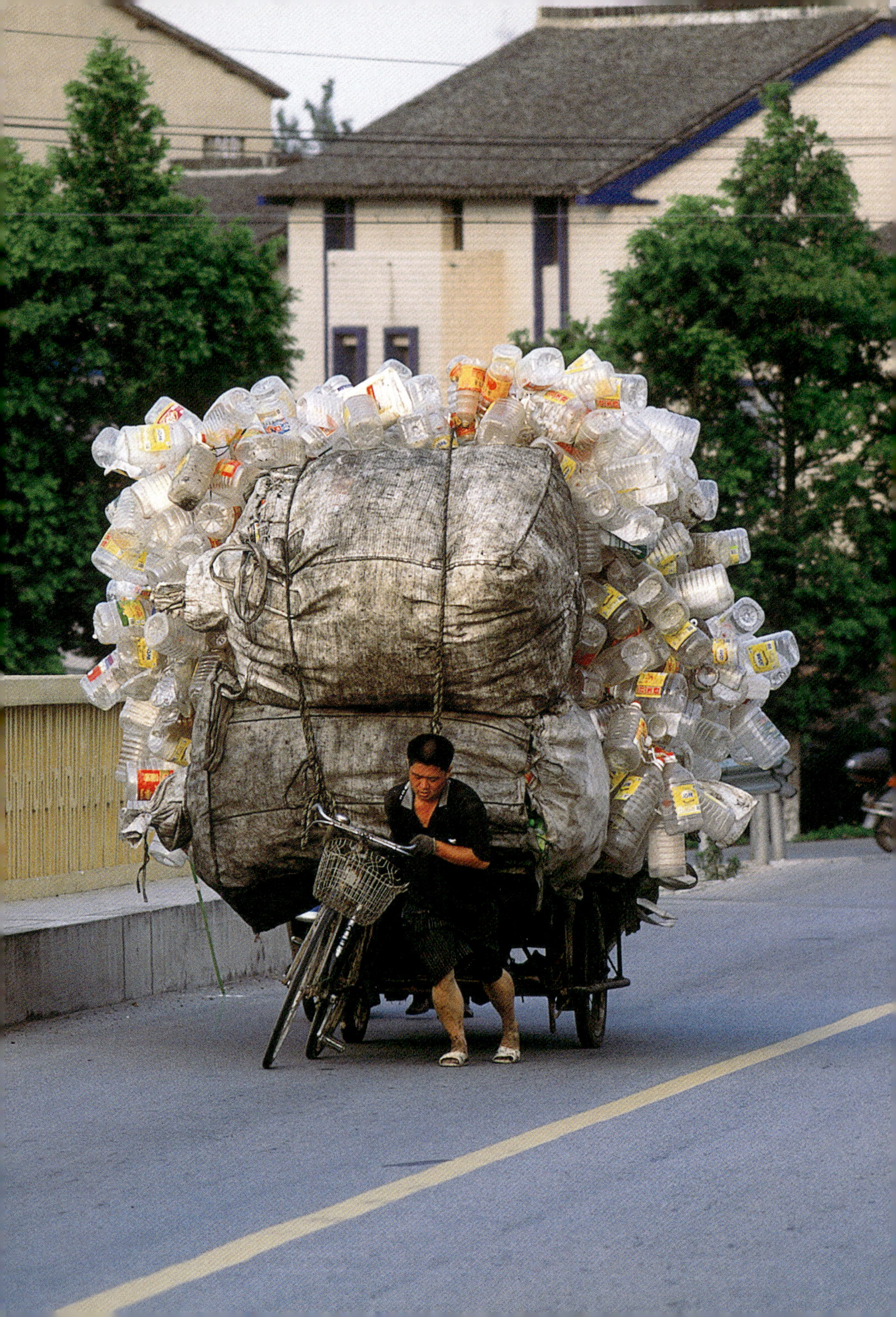

中国はリサイクル自前回収のスケールも桁違いに大きい。
(上) リニア沿線の川周公路付近。[2006.6]
(右上) 浦東新区、工事中の世紀大道。[1999.12]
(右下) 浦東側万博会場となる耀华支路。[2008.10]

Ren Min Guang Chang

人民広場

（左）上海博物館前の広いコンクリートエリアが人民広場。四角いブロックが特徴的で、上海っ子たちの憩いの場となっている。
（上）凧揚げが盛んで子供たちがはばかることなく凧を揚げる。
（次頁）上海の空に浮かぶ一点の凧。見つめる視線。［3枚とも1999.12］

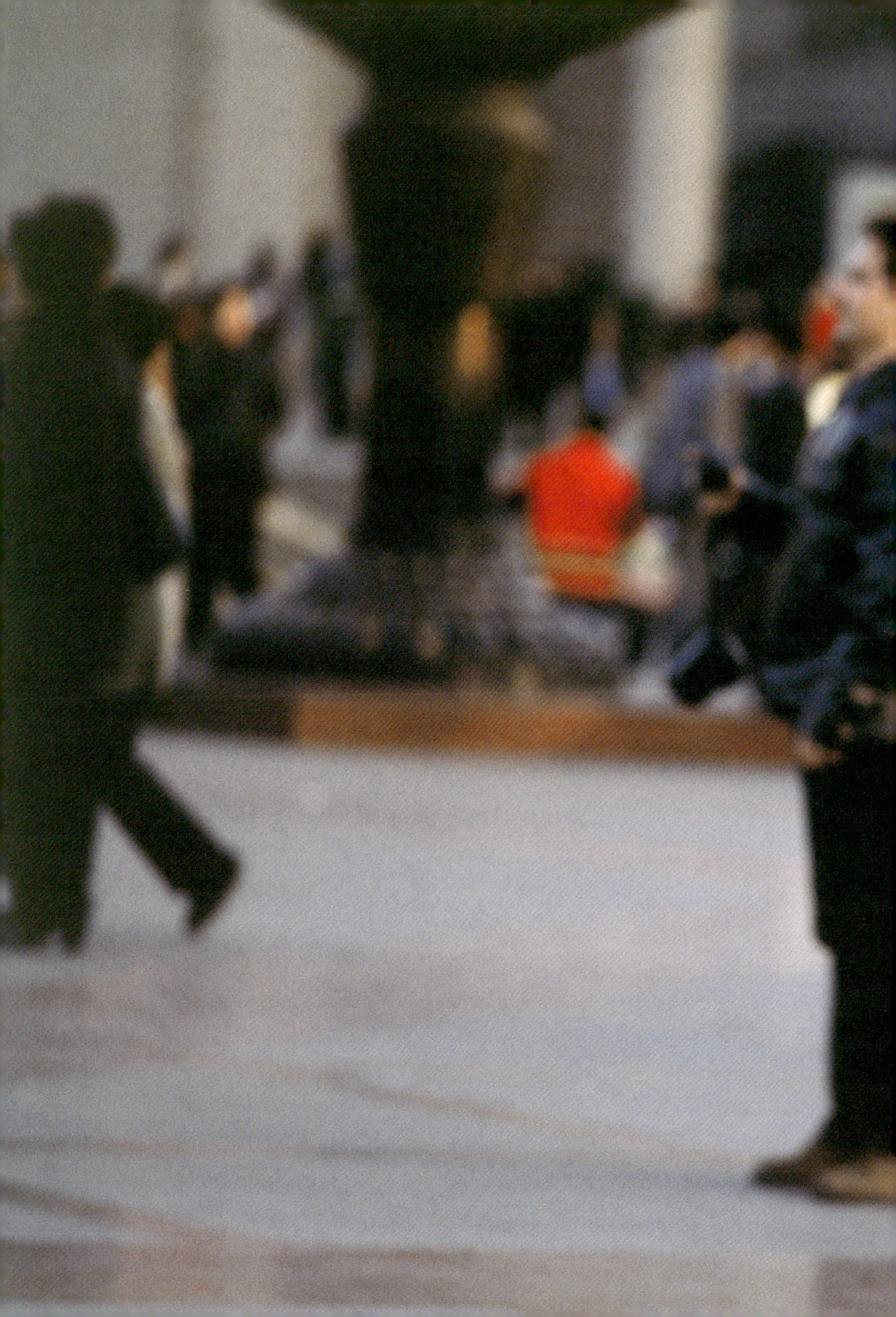

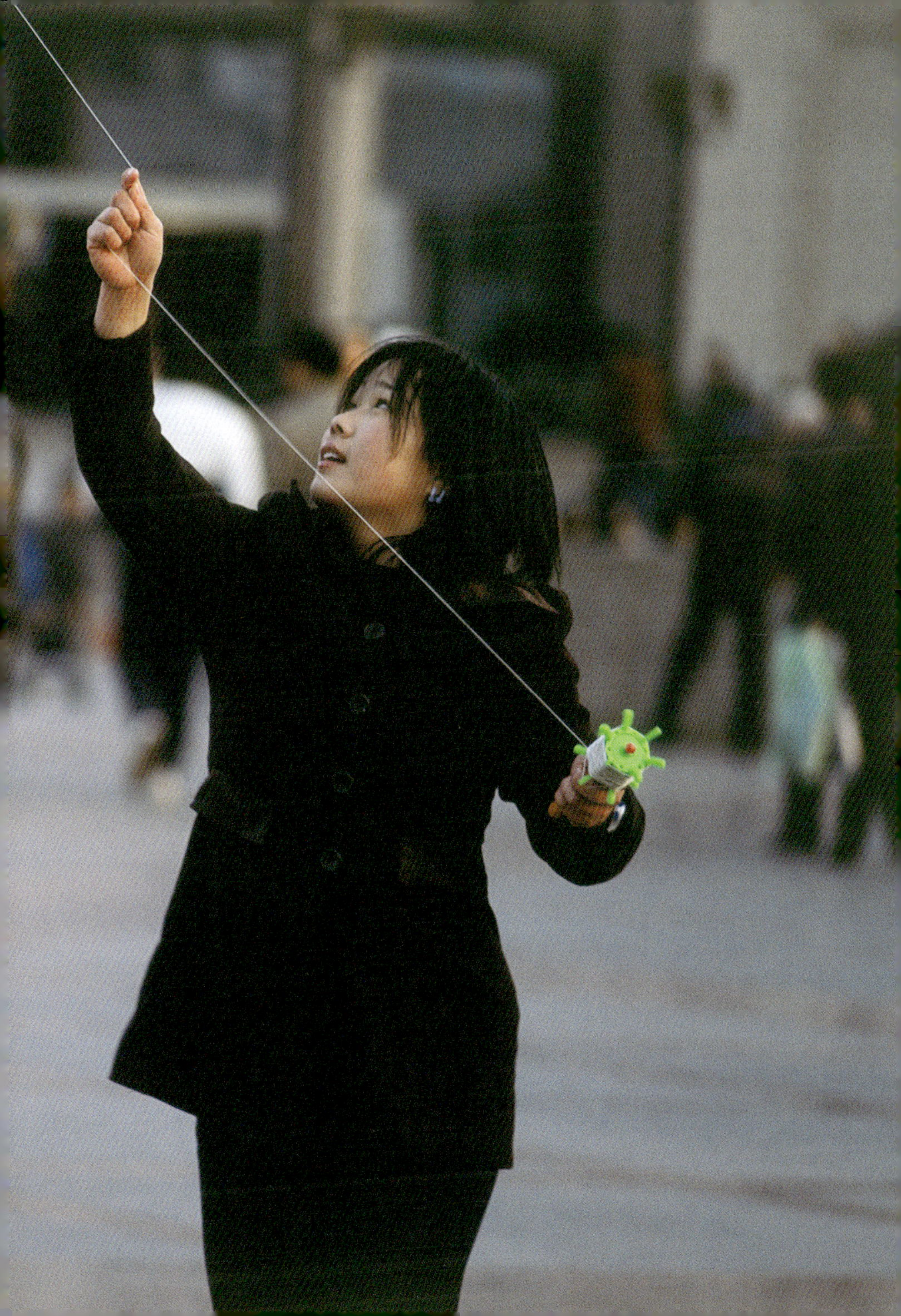

◉ 上海　―　　動じない視線、動じない街

　　上海の玄関口、浦東(Pu Dong)国際空港は中心地から大きく離れた東のはずれ、長江の河口付近、暴れ龍といわれるこの川が広大な東シナ海にそそぐ先に位置する。街中まではタクシーで約１時間余り。道中３車線とも４車線とも取れる幅広の幹線道路を車は飛ばすのだが、この運転には度肝を抜かれる。
　　上海に来て異国に来た実感、街や人々の様子の違い、日本にない雰囲気のようなもの、それを入国してすぐの単純な例として、タクシーの運転からも感じることができる。遅い車両を追い抜くために複数車線を右に左に車体を振らせ、習慣のクラクションをけたたましく鳴らしながら先へと急ぐ。同じく先を急ぐタクシーや乗用車が車窓を前に行ったり、戻ったりと位置取りを競うのは、冷や汗が流れてくる。車間距離も、時には叫びたくなるほどの限界ぎりぎりまで接近する、ある意味でたくみなハンドル捌きである。運転手は凄い集中力なのだろう。視線は張り詰めているが、動揺とかそういったものではなく、日常の仕事を淡々とこなしているだけのようだ。こんな運転をしていても、特に顔色に変化が表れない。当たり前といえばそうなのだが、乗っている私の気持がぐらついているだけに、そのコントラストは顕著である。

上海のタクシーは、ほとんどが中国とドイツとの合弁会社製のSANTANAで、硬いバネ、低いエンジン音、角々とした車体が組み合わされた全体のバランスは頑健そのもの。乗っている私の不安をよそに高速の幹線道路を果敢に飛ばしてゆく。頻繁に洗車することはないので、外見は埃にまみれて汚いながら中身はとても頑丈そうな車だ。ドアは手動、つまりお客が自分で開け閉めする。上海では初乗りが12元と、中国の中で一番高いそうだが、街で感じるのは需要が圧倒的に多いということで、タクシー業に活気がある。平日の夕方はタクシーをつかまえるのがとても難しいし、そこに雨でも降っていたなら通りからタクシーが消えてしまったのではと思われるほどだ。渋滞や公害が問題視されていても、未だ未だ運転免許を取得するのは一般からすれば特別なことで、それだけにステータスも高い。

　その運転手と客席との間は透明なアクリル板で完全に隔てられている。お金を渡す時は、上方のわずかな隙間から指を入れるような形で手渡しすることになる。強盗対策として側面背後、しっかりとガードされているのはいかにも物騒だが、逆にそこまで形として定着しているのを見ると、案外と気にならないもので、一人で乗るときも後方シートではなく運転席横に腰掛ける人が多い。かえってものものしさを感じない。その運転手はといえば、勝手に水筒からお茶を飲んでいたり、運転しながら携帯で家族に電話したりして、まあずいぶんと規律が緩い

上海地図

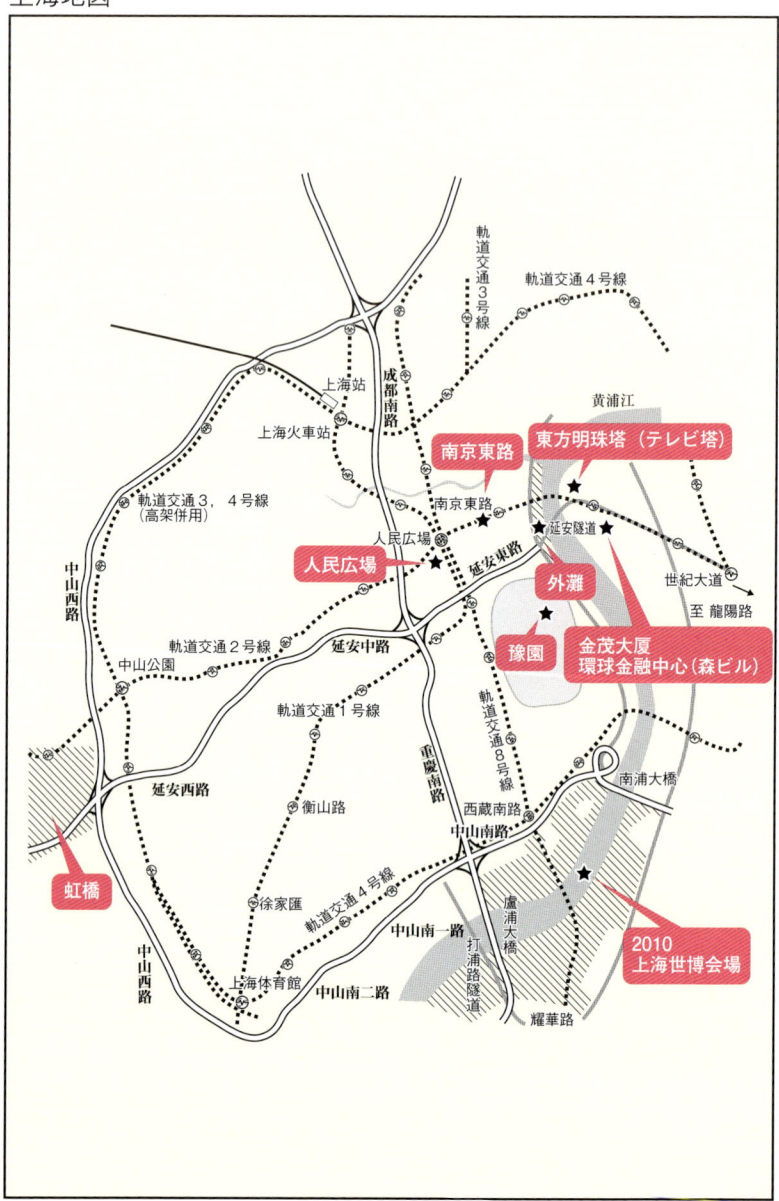

というか、勝手気ままである。変な言い方だが私には、アクリル板で囲われた運転手のようすに妙に安定したもの、それぞれ性格は違うにしても、総じて動かしがたい神経の太さがあるように思われて仕方がない。彼自身は当たり前の仕事をこなしているだけなのだろうが、意識の中に余計な不安の介在することのない、ちゃんと地に足をつけている、確固としたずうずうしさのようなものがあると感じてしまう。

　空港からの交通手段はタクシーだけでなく、リムジンバスの存在も大きい。タクシーだと中心地までおよそ150元(約2000円)かかってしまうが、バスだと20〜30元なので上海っ子たちは空港から各目的地までは空港リムジンを使うことが多い。このバスには車掌が乗りこんでいて、おばさんたちの活躍の場となっている。常時混んでいる車内の全員分の切符を、直接車掌が席に来て販売する。堂々としているというか、仕切っているというか、妙に腰高の印象がありバス車内では一目置く存在である。

　客は車掌のおばさんに行き先をつげ、お金を払って切符(ひらひらの紙片)を受け取るだけなのだが、時にはおばさんとの間で短い会話があり、それは多分他愛のない世間話のようなやりとりなのだろうが、瞬時、この車掌の声が満席の車内に響きわたる。この車掌のおばさんを見ても、動じない視線というか生活感溢れるたくましさのようなものを、見ている自分とのコ

ントラストとして感じてしまう。

　いちど切符を買う時にたじたじになったことがある。おばさんに行き先をつげたのだが地名が通じず、大声で早口に聞き返され、何度かの応酬でやっと通じ、それでもお金を払う段になって、端数のお金、恐らく１元か２元の小銭を要求されたのだろう、それを渡したものの一桁単位で間違った金額を渡したらしく、ようやく小さな紙片の切符を手にするまでに、当然のことながらおばさんの大きな声が車内に響く。こちらの声はますます自信無さげに小さくなるばかりなので、おばさんは怒ってはないものの、自分はまるで怒られているかのようだった。いやはや冷や汗、脂汗である。

　以上の単純な例は、入国直後だけに余計に強いイメージを抱くのかもしれないが、何げなく目にする平凡な街の様子にも、そこには一向に綺麗にならない埃だらけの道を形だけのように清掃し続けている人が居たり、郊外の交差点に午後遅くなると現れる靴磨きのおばさん、はたまた道を歩いていたり、地下鉄の切符を買おうとしていたら、平然とお金を貸してくれと声をかけてくる人がいたりする。

　近代的な高層建築の建ち並ぶ巨大都市の整然さとはうらはらに、どことなく怪しいものも兼ね備えている。そこが魅力といえば魅力なのかもしれないが、不思議なことにそのような怪しきもののなかに世間的な影のようなもの、なにか不安に脅かされて

いるような、理不尽さの葛藤のようなものを感じることは少なく、総じて動じない視線、生活感あふれるたくましさのようなものがあって、したがって単純な行動にも揺れやブレが少ないのではと思ってしまう。漠然とした不安の影に足元がぐらつくことなどなく、支えている意識の基盤に確かなものがあり、もしかしたらそれは単純な板切れ一枚のようなものかもしれないが、揺らぐことのない、不安の少ない、単純さの原動力がある。

　巨大都市でありながら、そんな雰囲気をかもし出すものがある。それが羨ましい。

◎ 上海　ＭＡＧＬＥＶ

　浦東空港からの幅広の道路（AI公路）をタクシーに乗っているときに、不意に聞きなれぬ電流音のような音が近づいて来て、はてと車窓を見た途端、並行して走るレールの上を白い車体がすごい速度で過ぎ去って行くのを見てびっくりしたことがある。これが世界都市上海を象徴するリニアモーターカー「MAGLEV」の白い車体である。小柄の車両が5両と短い編成ながら最高速度は時速430キロで、そんな物体が間近をすっ飛ぶように走るのは、未知で異次元の光景だった。

　浦東空港から龍陽路（Long Yan Lu）までの29.9キロを約8分で結ぶ。客室内には速度計が設けられている。乗車した時、そのデジタル表示を注意して見ていると、430キロをこえた後、微妙に431まで進む。軌条式の交通機関としては、時速400キロ超で営業する世界で唯一の乗り物である。

　磁気浮上式なので乗り心地は至って静かかと思いきや、それなりの音と振動を体感できる。音は空気との摩擦音なのだろうか、ゴーッと取り囲まれているような響きで、音にともなって振動も大きくなる。車体が浮いて走っているので、レールとの摩擦音や揺れはもちろんないのだが、やはり空気にぶつかりながら進んでゆく、そんな小刻みな振動、左右のやや強い横揺れ

もある。車窓の眺めはすごい。自動車や建物がすっ飛ぶように流れてゆくのは、さすがに時速400キロ超の未知の体験ゾーンである。430キロの最高速度で走るのは30秒ほどだった。

そんな最高速で走るMAGLEVを、道端から立って眺めたことがある。直線区間の中間に、作りかけて止めてしまったような道路橋があり、私が行った時は地元の人も夕涼みがてら、刺激を味わうといった感じで来ていた。上半身はだかのお兄ちゃんや、中年カップルと一緒に私も見物した。

直線の遥か遠くでMAGLEVのヘッドライトが見えると、やがてレールから電流音と言ってよいのか何か唸るような音が聞こえ出す。遠くで見えたMAGLEVは見る見る近くなり、ゴーッという空気抵抗を受けながら走る車体がすごい速度で近づいてくる。夕涼みがてら見物に来ていたギャラリーが興味深げに見つめる間もなくボンッとでも形容してよいのか、空気の壁にぶつかるような一瞬の音を残しテールエンドが見る見る小さくなる。レールの上を白い5両編成の物体が滑るように遠ざかってゆく。そのスピード感は、やはり最先端の技術の粋を実感させてくれるものがあった。

周辺を歩くと、近代的なものとはかけ離れた田舎の風情が至るところに残っている。リニアの両拠点は空港と地下鉄乗り継ぎの駅なので、非常に開発が進んだところであるが、その中間点は浦東新区でもあまり開けたところではないように思われ

る。軒端になにかの肉が、魚の干物を干しているような感じで開かれて置いてあって、でもそれは頭の形から明らかに鳥で、見た目にはいかにもグロテスクだが、日常風景のようである。水路や池が多く、年代もののレンガ作りの給水塔が残り、水辺には野菜を洗う人の姿がある。

　そうしたギャップ、世界最速の技術が凝縮されたものの横で、その恩恵を受けることなく旧態依然たる生活をそのまま無表情で続けている人たちがある。そんなところも上海の魅力のひとつなのかもしれない。

　総じて上海MAGLEVは刺激的で楽しい乗りものだ。地上交通として世界最速の乗り心地を体感できる。しかし、距離にして30キロは余りに短い。例えばもっと長い距離、いま新幹線型の車両が約２時間かけて走っている上海－南京をMAGLEVが１時間で結ぶとしたらどうだろう。あの400キロ超の刺激的な乗り心地で１時間というのは、快適度から微妙なところかもしれない。時間帯によっては、最高速度が300キロに引き下げられ、浦東空港－龍陽路間の所要時間は12分ほどとなる。この速度での乗り心地は到って平穏で長距離だとしてもなんの問題もなさそうだが、そうすると新幹線の最高速と同じで磁気浮上式のメリットが薄れてしまう。

　上海MAGLEVは龍陽路から先、市中心地まで乗り入れる計画、さらには上海から杭州まで敷設する構想もあったようだ

が、最近そのような話を聞くことはなくなった。万博の会場まで直接乗り入れ、万博のアクセス輸送の一翼を担う計画もなくなったようだ。その証拠に龍陽路駅のホーム先端から途切れたレールのさらに先を見やると、近代的なマンションがどっしり構えていて、これを壊して路線の延ばすことは現実的になさそうである。

　龍陽路は市の中心部や虹橋地区へ行くには中途半端な場所で、ここからは地下鉄２号線やタクシーに乗り換える必要がある。上海っ子の多くは値段の安い空港リムジンに乗るだろうし、手荷物が多ければドアツードアのタクシーを使うだろう。MAGLEVは空港アクセスとしては微妙な位置付けで、未だ開発途上でこれから伸びる浦東空港のアクセス輸送を部分的に支える、そんな一面もあるのだろうが、それよりも上海のシンボルとして世界一を強烈にアピールする象徴という感じがする。

　個人的には万博後のMAGLEVをとりまく状況を注目して見守って行きたい気持である。地下鉄２号線は万博にあわせて空港まで延伸され、リムジンよりさらに安い交通手段が増える。心配なのは、MAGLEVの車両の更新時期やレールや施設が老朽化し大掛かりなメンテナンスが必要となったとき、この贅沢ともいえるシンボルを残し続けるのかどうか、運営が大赤字と伝えられているだけに、微妙な気がする。

リニア沿線地図

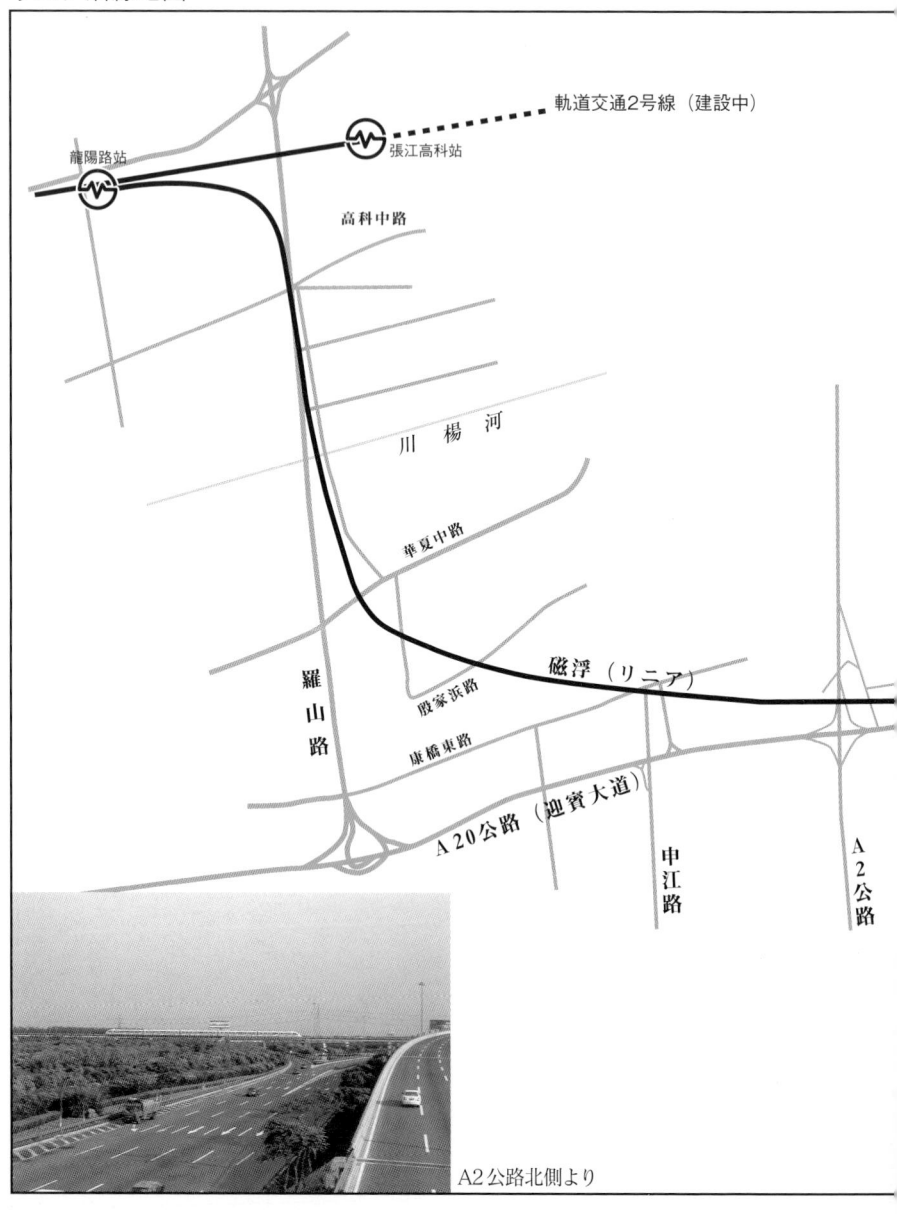

軌道交通2号線（建設中）
張江高科站
龍陽路站
高科中路
川楊河
華夏中路
羅山路
殷家浜路
康橋東路
磁浮（リニア）
A20公路（迎賓大道）
中江路
A2公路

A2公路北側より

80

顧江路近くの陸橋にて

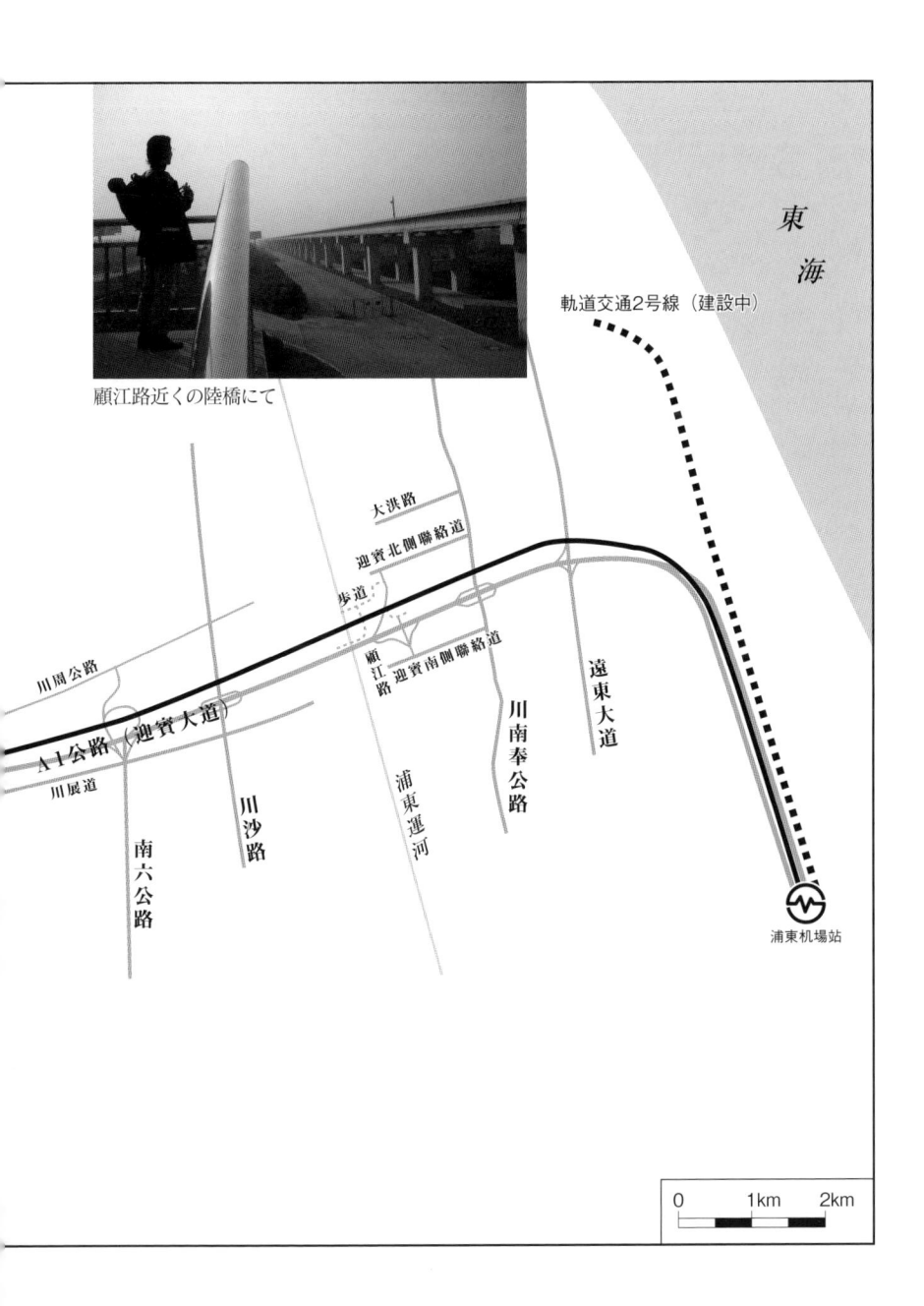

東海

軌道交通2号線（建設中）

大洪路
迎賓北側聯絡道
歩道
顧江路
迎賓南側聯絡道
遠東大道
川南奉公路
川周公路
ＡＩ公路（迎賓大道）
川展道
川沙路
浦東運河
南六公路
浦東机場站

0　　1km　　2km

81

浦東空港駅のMAGLEV時刻表

		磁浮列车机场站运行信息		Information
首班车	First Train	机场站	Airport Station	7：02
		龙阳路站	Longyang Rd. Station	6：45
末班车	Last Train	机场站	Airport Station	21：42
		龙阳路站	Longyang Rd. Station	21：40
发车間隔	Interval	7：02	－ 17：02	15 mins.
		17：02	－ 21：42	20 mins.
最高速度	Max Speed	7：02	－ 8：47	300 km/h
		9：02	－ 10：47	430 km/h
		11：02	－ 12：47	300 km/h
		13：02	－ 16：47	430 km/h
		17：00	－ 21：42	300 km/h

浦東空港駅切符発売窓口横の案内を写したもの。
乗るからには最高速での乗り心地を味わいたいが、430kmでの営業運転は時間帯に制約があるので要注意。
料金はエコノミー50元、貴賓車100元で、飛行機の搭乗券（半券含）を示せば2割引。
（2009年12月時点）

◎ 2010上海万博

　上海万博（上海世博[Shi Bo]）は市中心のやや南よりの黄浦江[Huang Pu Jiang]付近で2010年5月1日から10月31日にかけて開催される。会場敷地の東が南浦大橋を境に、西が盧浦大橋を敷地に取り入れる、黄浦江の両岸（浦東、浦西側双方）で会場の総面積は528ヘクタールと、万博としては大阪万博以来の際立った広さの会場である。そこにメインセンターのほか各国のパビリオンが立ち並び、参加国は242カ国に及ぶ。

　まさに国をあげてのイベントで、39年前の大阪万博を彷彿させるような、高度成長途上での大きなお祭り騒ぎになりそうだ。大阪万博の会場面積は330ヘクタール、参加国数77ヶ国。そして入場者数が、見込み3000万人に対して6422万人。当時子供だった私のまわりにも新幹線に乗って万博を見に行った人がかなり居たように思う。当時の日本の人口1億400万人。まさにお祭り的なイベント、信じられないような熱狂があったようだ。

　上海万博はそれよりも参加国数、会場面積とも規模が大きく、見込みの入場者数は7000万人である。中国の総人口が13億2400万人（2008年）なので、大阪万博と比較して島国と広大な大陸の国家といった違いを差し引いても、記録的な入場者数

になるのではないだろうか。中国では2008年の北京オリンピックに続いての国をあげてのイベントだが、オリンピックよりもこちらの方がすごいことになりそうな気がしないでもない。

会場予定地は思いのほか街中心部に近く、外灘(Wai Tan)や超高層ビルの立ち並ぶ陸家嘴(Lu Jia Zui)地区からも黄浦江を遡り、5キロほどしか離れていない。当然家もあり路地もありそこに住むたくさんの人々の暮らしがある。大きな造船所や工場もあり、それらを壊さないと会場が作れない。

その壊し方たるや実にすさまじいものがあった。会場予定地は昔ながらの住宅街にかかるところが多く、一刻も早く更地にすべく大型の重機が導入されて、古い住宅を壊しまくっていた。地下鉄の駅でいうと浦東側が6号線の高科西路駅(Gao Ke Xi Lu)、8号線

上海万博と大阪万博の比較

	上海万博	大阪万博
テーマ	Better life for Better City より良い都市、より良い生活	人類の進歩と調和
開催日	2010年5月1日〜10月31日	1970年3月14日〜9月13日
会場面積	528ha（観覧エリア328ha）	330ha
参加国	242ヶ国	77ヶ国
入場者数(当初見込)	7000万人	3000万人
入場者数(実績)	?	6422万人
開催国人口	13億2847万人（'08年）	1億467万人（1970年）

の終点耀華路駅が、浦西側では同じく８号線の西蔵南路駅が会場予定地に近い駅である。

　住宅街だったところは瓦礫の街と化していて、道の両側に瓦礫が山となって積まれ、時たま原型をとどめた住宅が、壊れた半面を口のように開けて残っていたりする。大型のダンプが音の唸りと、砂ぼこりを撒き散らしながら走り去る。万博の会場予定地はかなりの広範囲に及ぶ。そんな瓦礫のなかを歩く感覚はほとんど未知のもので、なんとも言えない気分だった。

　ここに住んでいた人たちは一体どこに行ってしまったのだろう。恐らくは用意された新しい場所に移ったのだろうが、瓦礫のなかに不意に現れる原型を留めた住宅や道路の高架が下りるところ、その下はちょうど三角形の屋根裏のような感じで、思わずそこに人が住んでいたりする。日焼けした表情があり、子供たちも瓦礫の道端で遊んでいる。もとから住んでいた人々との関連付けは分からない。

　会場予定地から道路ひとつ隔てた場所には、取り壊しをかろうじて逃れ、古い住宅街がそのまま残っているところもある。新旧混淆、ごちゃまぜの魅力がある。万博会場敷設は、上海の街なかに残る古い区画を整理して、新しい街並みに生まれ変わらせる、ちょうど良いタイミングでもあるのだろう。

　さて上海万博の会場の特色は、とりわけ大きな川が敷地のまん中を横切っていることで、それは会場の景観にも大きな影響

を与えている。黄浦江にかかる二つの橋が、遠くにあるいは近くに望めて、それが白いハイライトになって景色の中に鮮やかな色彩を添えている。

　会場予定地の西よりの黄浦江にかかるのが、盧浦大橋^(Lu Pu Da Qiao)の白い巨体。径間550メートルの世界一巨大なアーチ橋である。アーチの頂上まで歩いて上ることができる。白い鉄骨に階段が設けられていて、そこを一歩一歩、手すりとフェンスはあるもののそれ以外は高い空間にむき出しに晒されているような感じなので、用心しながら上って行く。アーチリブ上りとでもいうのだろうか、橋を通る車の目線より遥かに高い橋の構造の頂点へ、367段の階段を上る。最後は息切れするような感じでたどり着く。

　そこは展望台ふうのスペースとなっていて、黄浦江を行き交う多くの船、タンカーから小さな艀形の船までが茶色く濁った水の上を刻々と移動してゆく。そして何より印象的なのが、両岸の万博会場予定地の変遷が手に取るように俯瞰できることで、古い街が壊され更地となったところにクレーンが入り、会場の建物がそれらしい形となって現れてくる様子が、間近で見たときのように埃を浴びる生々しさはないものの、高所から一望の下、見渡すことができる。上海はスモッグに覆われることが多いのだが、空気が良ければ中心部のテレビ塔や超高層ビルが遠く南浦大橋^(Nan Pu Da Qiao)の向こうに眺められ、上海随一の眺望、おそらく万博が始まればこの巨大なアーチ橋は、そのシンボル的なビ

ュースポットの一つになるだろう。

　しかし、ここから真下を眺めると非常にこわいものがある。手すりからふと真下を見て思わずぞっとした。60メートルほど下に橋を走行する車が豆粒のように小さく見え、水面はさらにその下50メートルほどのところにある。そこは高いところが苦手な方は容易に踏み込めない場所だと思う。チケット（登橋券）裏面には、高血圧、心肺機能に問題のある方、めまい・平衡不調のある方、6ヶ月以内に手術をされた方、さらには酔っ払いや身長120センチに満たない方も登橋できないと書いてある。ちなみに料金は33元と万博開催が近づき安くなった（もう一方、南浦大橋の入場料は10元）。

　その南浦大橋の方は、レインボーブリッジや横浜ベイブリッジと同じ吊り橋で、盧浦大橋がアーチリブの鉄骨が無骨に目立つ男性的な橋だとすれば、南浦大橋はバランスのとれた柔らかい印象を与える女性的な橋だと思う。浦西側の橋の入り口がループ状になっていて、車はぐるぐる回りながらそれを上り南浦大橋を通る。オーソドックスな美しい橋の形と、巨大なループが南浦大橋の特徴となっている。

盧浦大橋エレベータより。アーチリブの独特な形状。　　　　　　　　　　　　　[2009.3]

◎ 人民広場

　上海の中心部に位置する人民広場(Ren Min Guang Chang)は、特に目立った観光名所というわけでもなく、例えば南京東路(Nan Jing Dong Lu)や豫園(Yu Yuan)などと比べて地味な場所ながら、上海っ子にとっては、ふらり訪れて佇んで居たくなる場所のようだ。そこに居ると何となく落ち着く、癒されるような気持ちにさせてくれると、以前聞いたことがある。上海の街の中心地にぽっかり空いた、異色のスポットとしてなかなか良い場所かもしれない。

　上海の最も賑やかなところ、地下鉄の１号、２号、８号線の交差する交通の要衝近くに位置する。人民広場そのものは、ちょうど上海博物館の円形コンクリート建物の手前、噴水広場のあたりである。地下鉄駅から歩いて５分ほどのところ。駅周辺は南京東路の入口なので、買物に出る人などでいつもごった返しているが、人民広場まで来ると比較的静かで、人の流れとは離れ、噴水広場のコンクリートブロックにもたれたりして、人々がその場で佇んでいる。これといった目的もなくぼんやりと佇む場所であることが、実にいい感じだ。

　地下鉄の人民広場は駅として使っていても観光に訪れた人にとって、人民広場そのものはおそらくノーチェックではないだろうか。およそ観光スポットとは言えない広場である。では、一般的に上海の有名な観光名所はどこなのか、個人的な感想も

含めて、ごく簡単に紹介したい。

　観光スポット筆頭格は豫園。豫園は入口にたどり着くまでが大変で、色彩きらびやかで人のごったがえした商店街（豫園商城）をゆっくりと人の流れに身をまかせて進む。有名な小籠包屋さんの３階建ての建物が、豫園を目前にして現れるのだが、その店先では蟹を解体してそのミソを使って小籠包を作っているのがガラス越しに見える。豫園を直前にして一休みということで、階段越しの長い行列に入って順番を待ち、漸く席に座ってお茶を飲みながら、蟹ミソ風味小籠包を食べるのがお決まりのパターンだが、行列までして食べるものかどうかは、微妙なところだと思う。一度夕方、お店の終了間際に入ったことがあり、この時は良かった。夕刻のがらんとした雰囲気で、お店も空いていて、日頃の喧騒が嘘のようだった。そんななかで青島ビールを飲みながら小籠包を食べた。とても豊かな気分だった。しかしこの時は肝心の豫園がすでに閉園していて、閉まるのが４時半と早いので要注意である。それはさておき、ここから豫園の入口までは、角々と曲がった橋（九曲橋）を渡らなければならない。橋の途中で立ち止まって写真を撮っている人が居たりしてなかなか前に進まないが、渡り終えたところが豫園の入口で入場料40元を払って中に入る。

　順路に沿った人の流れはあるものの、園内は至って静かで、表の喧騒から離れたちょっとした別空間となっている。1577年に作られた、明の時代の中国式庭園で幾度かの大がかりな修

復を経て今の姿になっているということであるが、もしかしたら、その時代の流れのなかで荒れ果てたり修復されたりして今に至るその経緯の方がより注目すべきところかもしれない。今、豫園の中に足を踏み入れてみて、建物や庭園を見ても何処が見どころなのか、日本の寺社や庭園のイメージとは全く違って、時代も下っているだけに古刹的な面持ちもなく、出口に向かってぼんやり歩いているだけになりそうである。良い方法は日本からのツアーの後ろにひょっこりくっ付いて一緒に歩くことで、ポイントのところで立ち止まってくれるので、ここが必見する箇所だと分かるし、中文の説明書きを訳して説明してくれるので、非常に親切である。一番の見どころは、龍の形をした屋根瓦で、塀の頂上部分の瓦が龍の曲がりくねった姿になっている。ここで皆、いったん足を止めて旗を持ったガイドさんの説明を聞くことになる。豫園には以前２回ほど行ったことがあるけれども、塀の上、少し見上げたところにこんな立派な龍が存在することを、全く気付かず通り過ぎていた。塀の外側は普通の住居のところもあり、洗濯物が干してあるのが園内からも見え、それが妙にリアルで印象深い眺めだった。

　豫園と並んで多くの観光客を集めるのが外灘(Wai Tan)で、その黄浦河の堤防沿いの散策路は、天気の良い休日の午後などには、中国各地からの観光客で人の流れが渦巻くところとなっている。茶色く濁った黄浦江は、以前は対岸に泳いで渡れるほどの綺麗な流れだったという。いろいろな船、大型のタンカーから、はし

けのようなぽんぽん船まで、それらが頻繁に行き交うその背後に、テレビ塔（東方明珠塔〈Dong Fang Ming Zhu Ta〉）と２つの超高層ビル（金茂大廈〈Jim Mao Da Sha〉、上海環球金融中心〈Huan Qiu Jim Rong Zhong Xin〉）がそびえ立ち、青空を背後に角度によってはきらきらと光る上海のシンボル的な風景となっている。そして、外灘がひときわ輝き魅力を増すのが夜で、高層建築の織り成す直線的な夜景は圧巻である。思わず歓声をあげたくなるような気持ちになる。その対岸の眺めに圧倒されて振り向くと、こちら側（浦西側）の旧租界時代のオールドな建物もライトアップされていて、それらは浦東側の色とりどりの直線的な煌びやかさとは対照的に暖色系一色に照らし出され、高層ビルほどの高さはないものの、至近距離にそびえ立つので圧倒的な存在感があり、うっとりとするような眺めである。

　少し外灘の夜景をほめすぎたけれども、上海はここに限らず高層ビルが密集していたり、散在していたりと、アクセントのある街並みとなっている。タクシーで高架道路を走っていると、新宿に似たビルの並びだったり、六本木のような感じだったりと、中心部を離れても高層建築が車窓に流れ、建設中のビルもまだまだ多く、その勢いはニョキニョキととどまるところを知らない。なかには、古さの目立ってきた高層アパートもあり、崩れることがないのか心配になりそうだが、ここが地震の懸念のない土地だということにあらためて思い至る。

　上海に来られた方が観光で行くところとしては、今まで述べてきた豫園、外灘に買い物の南京東路を加えた３ヶ所が、ツア

一等に組み込まれていて必ずまわるところだと思う。人民広場を語ろうとして、前座で紹介した豫園と外灘の話が長くなってしまったが、肝心の人民広場はといえば、観光地というには少し心もとない、噴水の周りに人が佇んでいるだけのところである。とくに見どころもなく、はなはだ心細い限りである。

　先に述べたように、豫園も外灘も、とりわけ南京東路も、中国各地からの観光客がこぞって訪れる場所なので人の流れが渦巻くところで、私などがそのようなところを休日の午後にでも歩こうものなら、絶えず一休みしたいとか、どこかに座ってお茶が飲みたいという思いを抱きながら人ごみの中を歩き続けることになる。従って苦しいPRの仕方になるが、そこにひとつ息を抜く意味で比較的静かな人民広場をつけ加えるのも良いのではないか。上海博物館は、もしかしたら観光ツアーのコースに組まれているかもしれないので、そうであれば知らないうちに人民広場を通ることになる。また人民大道の向こう側にある上海城市規格展示館での常設展も、万博会場の紹介、上海の街並みの詳細な模型やパノラマ映像などは一見の価値ありなので、そこを訪れた際は、道路一本渡れば人民広場に足を踏み入れたことになる。しかし、ただの噴水広場に上海っ子たちが居るだけなので、とりたててそこが人民広場だと気付かないかもしれない。私は上海人の方から直接「子供の頃からの憩いの場所」だと聞いていたので、そのような思い込みもあり、なかなか良い場所だと思うのだが、どうだろう。あんまり自信がない。

◉　虹 橋

　虹橋空港の東側、行政区でいうと長寧区(Chang Ning Qu)とその周辺が、通称「虹橋」(Hong Qiao)と呼ばれる地域で、上海に拠点を置く日系企業で働く駐在員の方が多く住んでいるところである。短期的な出張の際も、この地域のホテルに宿泊することが多い。日本を含め外資系企業の工場自体は松江区(Song Jiang Qu)、閔行区(Min Hang Qu)に多く、虹橋エリアからはやや離れているので、タクシーや送迎のワゴンなどで通勤することになる。地下鉄網が整備されるのはもう少し先になりそう。

　上海では例えばタクシーに乗って行き先を告げるとき、古北路(Gu Bei Lu)・仙霞路(Xian Xia Lu)などと道路名を言うのが習慣になっている。それぞれの道に名前が付けられていて、運転手は行き先をその道路名で把握している。建物の名前で通じなくても、道の名前をつげたり紙に書いて示せば場所がどこなのか通じて、目的地に行き着ける。人と話していて、それはどの場所なの？と言う時も、道路名を二つ言えば、ああ、あの辺りですねと納得してもらえる。

　日本人が多いと言われる虹橋エリアだが、そのエリアの中心はどこかと言われると、実ははっきりとわからない。虹橋空港のある場所そのものは虹橋エリアのはずれで、街の中心へはタ

虹橋地図

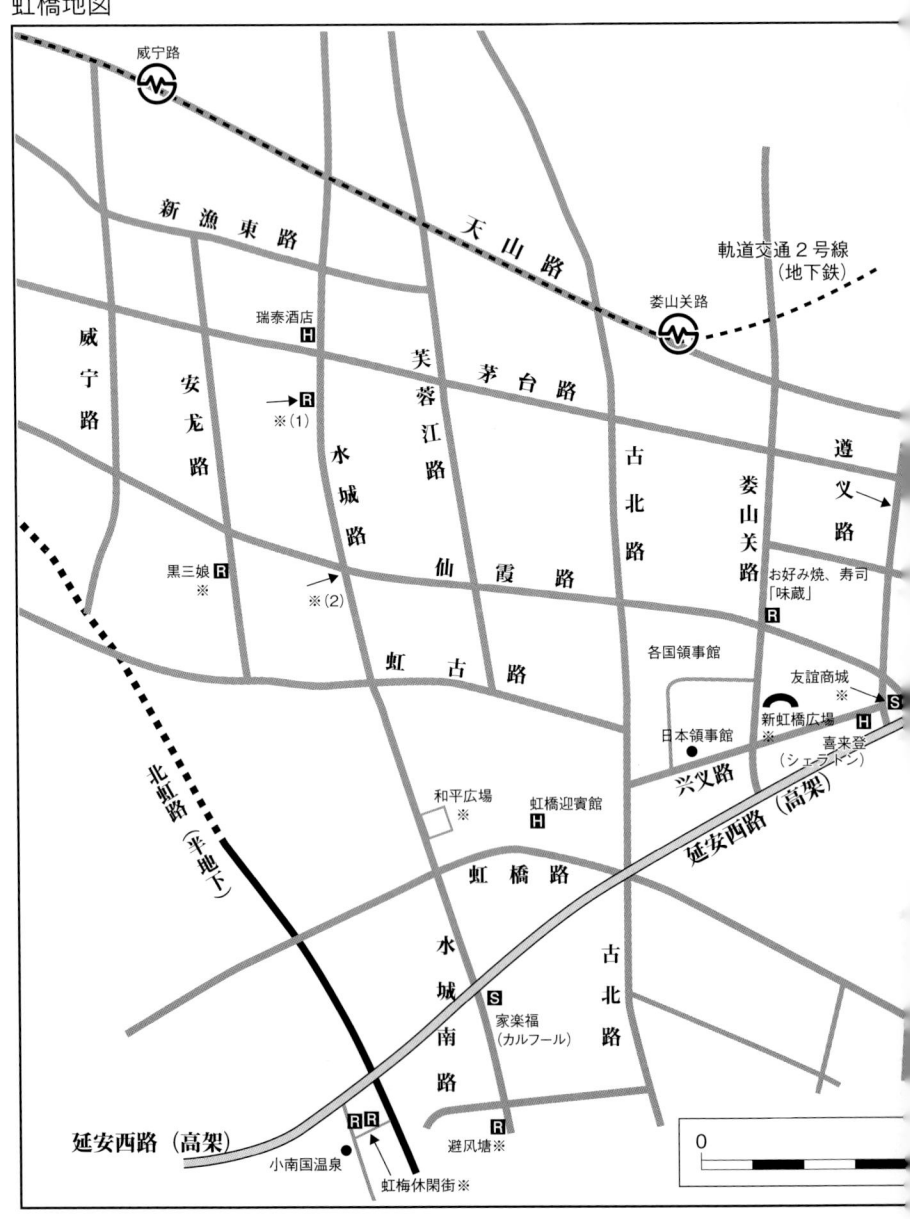

※新虹橋広場	マンション地表部にはマッサージ、日本料理等の店舗が軒を揃える。ちなみにマッサージ「康駿会館」の料金：全身、足裏各70元（60分）虹橋に点在するマッサージ店では一般的な値段。http://www.shkangjun.cn
※友誼商城	日本ブランドの食料品（カップ麺やお菓子。味は中国ナイズされているので妙な感じ）が豊富で、少し高級なスーパー。空港より安いのでお土産を買うのにも便利。
※黒三娘	値段がリーズナブルで地元の方に人気の四川料理チェーン店。辛い涼粉、パンの窪みに炒め物を入れて食べる郷村窩窩頭などが人気メニュー。麻婆豆腐はピリ辛くていかにも四川風。メニューには写真があるので選びやすいが、どれも辛いので初訪時は肝試しとなる。http://www.heisanniang.com/
※和平広場	1Fには小籠包のチェーン店「鼎泰豊」もある。1セイロ58元、点心類も充実。炒飯も美味しい。もともと台北が本店だが、上海、北京、東京にも進出。
※避风塘	カジュアル飲茶が売りの香港資本のチェーン店。朝の5時までやっていて、夜遊び帰りの上海っ子に人気。飲茶だけでなく多彩な中華料理も魅力。日本語メニューもあり。http://www.bifengtang.com.cn
※虹梅休閑街	虹梅路の小南国温泉（健康センター）対面にある飲食店が細長く続く通り。上海料理、ドイツ料理、バー、他にもたくさん。欧米人がとても多い。
※（1）	水城路のこの辺は日本料理屋が多い。また、ここに限らず虹橋には至るところに日本料理屋がある。食べ放題飲み放題で150〜190元くらいとやや高め。寿司、刺身、天ぷら、焼鳥、焼き魚、煮物、丼など幅広くメニューは居酒屋のよう。なかには松茸焼きや土瓶蒸しといった品もある。上海に来てまで日本料理もないものだが、天ぷらそばを頼んだら、天ぷらの盛合わせが豪快に乗っていたりと量を食べる人には面白いかもしれない。店員（小姐）が片言の日本語を熱心に覚えているので、たまに勘違いはあるものの、オーダーには不自由しない。
※（2）	水城路の仙霞路交差点付近は真夜中の0〜3時くらいまで、衣服関係を中心に日用品の露店が並ぶ。数百メートルにわたり電灯に照らされた露店の衣服が続くようすはなんとも言えない。

道 路 名 称

（東西方向）	（南北方向）
Tian shan lu 天山路	Wei ning lu 威宁路
Mao tai 茅台路	An lon 安龙路
Xian xia 仙霞路	Shui cheng 水城路
Hong gu 虹古路	Fu rong jiang 芙蓉江路
Xing cha 兴义路	Gu bei 古北路
Hong qiao 虹橋路	Long shang guan 娄山关路
	Zan yi 遵义路

1km

クシーで15分ほどかかる。浦東空港からに比べたらはるかに近い距離ながら、ここが通称「虹橋」エリアとは言えないところである。地下鉄の駅では2号線が天山路(Tian Shan Lu)の下を走っていて婁山関路(Lou ShanGuan Lu)、威寧路(Wei Ning Lu)の2駅はエリア内の駅である。ただし中心街と思われるところからは、離れているので駅から10分ほど歩くことになる。

　私が個人的に虹橋エリアらしいところだと思うのは何ヶ所かあって、ひとつが水城路(Shui Cheng Lu)の沿線である。ちょうど茅台路(Mao Tai Lu)との交差点の一角に、瑞泰酒店(Rui Tai Jiu Dian)というホテルが佇んでいる。今は塗り替えられてしまったが、少し前まで夜、その辺を歩いていてふと目に入るホテルの建物は、古めかしいコンクリートの地肌むき出しで、蒼然とした面持ちがあり、妙に印象に残るものだった。水城路を南に下ると、そこはスーパーやコンビニ、日本料理店などが点在していて便利なところである。仙霞路（この通りは虹橋を東西に貫くメインルート）との交差点を越え、さらに進むと左側に和平広場というコの字形道路の外周に飲食店が2階建てに並んでいるような感じの区画を通る。小籠包屋、日本風の居酒屋に鍋屋さん、夜はいつも車がいっぱいで、特に7時頃の夕食時は予約をしないとすぐに入れない。

　さらに南下すると延安西路(Yan An Xi Lu)の広い通りに行き着く。片側4車線、上には高架道路も走っている。この通りを渡ると大型商業施設「カルフール」（家楽福）がある。安さと品揃えで人気の

買い物スポットで、いつも混んでいて人気があるのに、北京五輪の聖火リレーの時に不買運動の騒動に巻き込まれたのはかわいそう。

　各国の領事館が立ち並ぶところが虹橋の中心だと言ってしまえば確かにそうなのだが、地元の方の生活路線的な意味合いも加味しつつ、賑やかさ便利さがあるということで思い浮かんだのが水城路沿線で、まだまだ歩道にでこぼこはあるものの、総じて街の区画が整っていて歩きやすく、ある意味で虹橋らしいところと言っていいだろう。東寄りに並行して走る古北路も、似たような色合いの通りで、一歩裏に入ると守衛が居て高級マンションだったりする。水城路、古北路の辺りをまとめて、「古北地区」という言い方もある。

　日本人が多いとはいっても決まった飲食店を一歩でれば日本の方とすれ違うこともほとんどなく、人口の比率からすれば微々たるもので、圧倒的な中国人の方の多さに隠れてしまっている。日本語で書かれたお店の看板が点在するが、地元の上海っ子の行くお店もたくさんあって、それらが混在しているところにかえって異国情緒を感じたりする。

　あと一ヶ所、個人的にここが虹橋と思っているところ。娄山関路と興叉路(Xing Cha Lu)の交差点近くに新虹橋広場という、広場と言うには少し寂しい、マンションの中庭みたいな場所がある。歩いている人はほとんど居ない。マンションは20階建てくらいの

白い建物で、この周辺のオフィスビルやホテルに比べると際立った高さではないのだが、このビル街の中に一棟だけある高層マンションの形状が、上から見て半円の弧を描き、その真ん中が空洞で、ちょうど白鳥が両羽を広げているような感じで、広場から見上げるとバランスが良くちょっとした高級マンションの敷地に足を踏み入れたような気持ちになる。こんなところに駐在する人もいるのかなあなどと、夢のようなことをふと思い起こさせてくれるところで、まああり得ないことなのだけれども、こんなところに住めたらいいなと思えるところである。マンションの一階部分は広場に面した店舗で、ここに日本料理屋、居酒屋さん、足裏・全身マッサージなどが店を構える。

　ここが上海のプロモーションビデオに、虹橋地区のイメージ的に取り上げられていたのを見たことがある。人民公園の上海城市規画展示館で上映されていた360度のパノラマ映像で視点が空中を自在に動き回り迫力あるものだった。万博のPR用のＣＧ映像なのだが、首をぐるぐる回して映像を追う形になる。視点はラジコンのヘリコプターに付けたカメラなのか、パラグライダーなのか分からないが、それが万博会場予定地や、浦東の高層ビル群、リニアモーターカーや浦西の街中を紹介して、虹橋を紹介する画面にも切り替わり、最初にこの白いマンションが大きく登場する。マンション中央の空洞から視点が飛び立ち、映像は虹橋エリア上空を低空飛行する。

近くには何年か前、すっかり有名になった日本料理・お好み焼き屋の「味蔵」もある。そこから仙霞路を東の方向に進み延安西路の大通りを渡ると銀河賓館（Yin He Bin Guan）というホテルがあり、浦東空港からのリムジンバス（机場3線）の起点になっている。この辺りが虹橋エリアの東のはずれといったところだろう。

　一度、新世紀広場の居酒屋で夜遅くまで飲んだことがある。良い気分で酔っ払っていた。店を出てすぐのところで、不意に少女が近づいてきたので、素知らぬ振りをして歩き去ったが、なおしばらくついてくる。何だと思ったら花を買ってくれというようだった。20元渡してカーネーションの花1本受け取った。少女は謝々と言って満足げに去って行った。

　翌朝、目が覚めるとコップに挿した花が、首のところからぽきっと折れて落ちていた。私はなんだかおかしくなってしまった。惜しいとか騙されたとか、そんなことは全然思わないおかしな気持ちだった。

天山路、威宁路にて。　　　2008.1　　　　　　　　　　2009.10

【著者紹介】
吉田明宣　よしだ あきのぶ
1964年、東京都出身。著書に琴平線写真集『ことでん旧塗色の頃』誠文堂新光社刊。

あとがき

上海の街なかでよく目にするのが、怪しげな足場に覆われた建設中のビルだ。細長い木材を周囲に張り巡らせ、見た目にはいかにも粗雑で崩れないかと心配になる。上の写真のビルもその一つで、工事の進み具合は非常にゆっくりで、一体いつになったら完成するのだろうと思っていたが、2010年を目前にして工事は急ピッチで進み新築の綺麗な外観が現れた。あわせて道路も整備され、整った美しい街並みとなった。
万博を目前に急速な勢いで都市化が進んでいる。
一方で消えつつあるのかもしれないが、高層ビルを望む一角に古い家並みが残っていて、そこを歩くと新旧混交の不思議な感覚がする。この本で紹介させていただいた写真は、この10年間に撮影したものをまとめたもので、変貌の最中にある上海の魅力を少しでも伝えられたらと思っている。　著者

上海　変貌する都市1999−2009

2010年3月20日　発行　　　　　　　　　　　　　　　　　　NDC292

著　者　　吉田明宣
発行者　　小川雄一
発行所　　株式会社誠文堂新光社
　　　　　〒113-0033　東京都文京区本郷3-3-11
　　　　　電話　03-5800-5753（編集）
　　　　　　　　03-5800-5780（販売）
　　　　　http://www.seibundo-shinkosha.net/
印刷・製本　広研印刷株式会社
©2010　YOSHIDA Akinobu
Printed in Japan　検印省略

万一、落丁乱丁本の場合はお取り替えいたします。
本書掲載記事の無断使用を禁じます。
Ⓡ〈日本複写権センター委託出版物〉
本書を無断で複写複製（コピー）することは、著作権法上での例外を除き、禁じられています。
本書をコピーされる場合は、事前に日本複写権センター（JRRC）の許諾を受けてください。
JRRC http://www.jrrc.or.jp　e-mail: info@jrrc.or.jp　電話03-3401-2382

ISBN978-4-416-91025-2